シーサンパンナと貴州の旅

貴州省台江郊外の反排。

目次

滔々と流れ下るメコン。西双版納、橄欖壩。

村外れの湧水をひょうたんで運ぶクンムー人。山岳地帯に住む少数民族の共通の悩みは水汲みである。西双版納、勐養郊外。

西双版納の山岳地帯に住むプーラン族。タイ族の影響を受け、民族衣装も廃れてきたが、まだまだ独自の民族衣装を着ている人たちが多い。勐混郊外。

裸でメコンに飛び込んでは土手にへばりついて遊ぶタイ族の子どもたち（上）と、川の中に座りこみ、洗濯したり体を洗うタイ族の女性（下）。西双版納、橄欖壩郊外。

銀飾りで身を包み、祭りに駆けつけるミャオ族の女の子。貴州省凱里郊外。

ミャオ族の大勢の女の子が銀飾りを身にまとい、輪になって踊る姿は一大絵巻そのものだ。
貴州省施洞。

「地に三里の平地なし」といわれる貴州省、どこに行っても斜面を耕し、見事な棚田が作られている。貴州省台江郊外、反排。

貴州省の東南部の肇興はトン族が多く住む。彼らの集落には「鼓楼」という独自の建物が聳えている。

回廊のようになった「風雨橋」という屋根つきの橋を渡るトン族（上）と、その外観（下）。雨が多いため橋に屋根がかけられた。広西チワン族自治区三江郊外、程陽。

子どもをカゴに入れて農作業から帰るトン族のお母さん。親子のぬくもりが感じられる。貴州省肇興。

全国重要文化財に指定されている「風雨橋」。釘を１本も使わず、ホゾだけで組み合わせている。広西チワン族自治区三江郊外、程陽。

まえがき

中国の西南地域とは一般に雲南省、四川省、貴州省、それに広西チワン族自治区をいう。本書ではこのうち雲南省の南部、貴州省、それに広西チワン族自治区の一部を紹介したい。

民族的には雲南省は「タイ族文化圏」、貴州省、広西チワン族自治区は「ミャオ族文化圏」といえるであろう。ただし、雲南省の東南部はタイ族とミャオ族が混住しており、ヤオ族、チワン族も多い。

周知のごとく中国は多民族国家として知られ、五六の民族が広大な土地に点在している。そのうち五五が少数民族である。しかし数からいえば、一三億とも一五億ともいわれる中国の人口で、少数民族はわずか七、八パーセントにすぎない。彼らは中国の周辺地域に、あたかも弧を描くように住みついている。中でも西南地域にはその半数近くが居住しているが、古来からの風習を守りつづけてきた人たち、他の地域からやむなく移動してきた人たちと、暮らしぶりも来歴も一様ではない。その人たちが文化的・社会的にお互い影響しあい、近代化の波にもまれながら、必死に生きているのである。

西南中国は、雲貴高原（雲は雲南省の略、貴は貴州省の略）の南部に位置する。険しい山々が連なり、変化に富んだ地形で、二期作、二毛作の可能なところもあれば、斜面を耕して棚田をつくり、天水だけが頼りの一期作のところもある。灌漑用の水車が数珠つなぎになった集落もある。稲作民族にとって水はもっとも大切なもの、そのため雨乞いをかねた祭りなど生活に密着した祭りも多い。

ここでの移動は主に鉄道とバスということになる。主要な都市間は鉄道や飛行機を使うにしても、すべての地域を網羅している長距離バスをうまく利用して、目指す街や村を訪れたい。

バスでの移動は、道路事情がよくないところもあり、また移動している時間も長いので、消耗する。しかし、昼食のため立ち寄った小さな村で、思いも寄らない体験をすることもあるし、信じられない光景に遭遇することもある。気に入れば、そのままバスを降りてもいい。それが自由な旅の醍醐味だ。もちろん、刻々と移り変わる窓外のすばらしい風景に、目が釘づけになること請け合いである。

便利さを追求するあまり、大切なものを見落とすこともかなりある。自然が多く残る西南地域では、スローな時間を楽しみながら、心の赴くまま、時間に縛られることなく旅をしてみてはいかがだろうか。

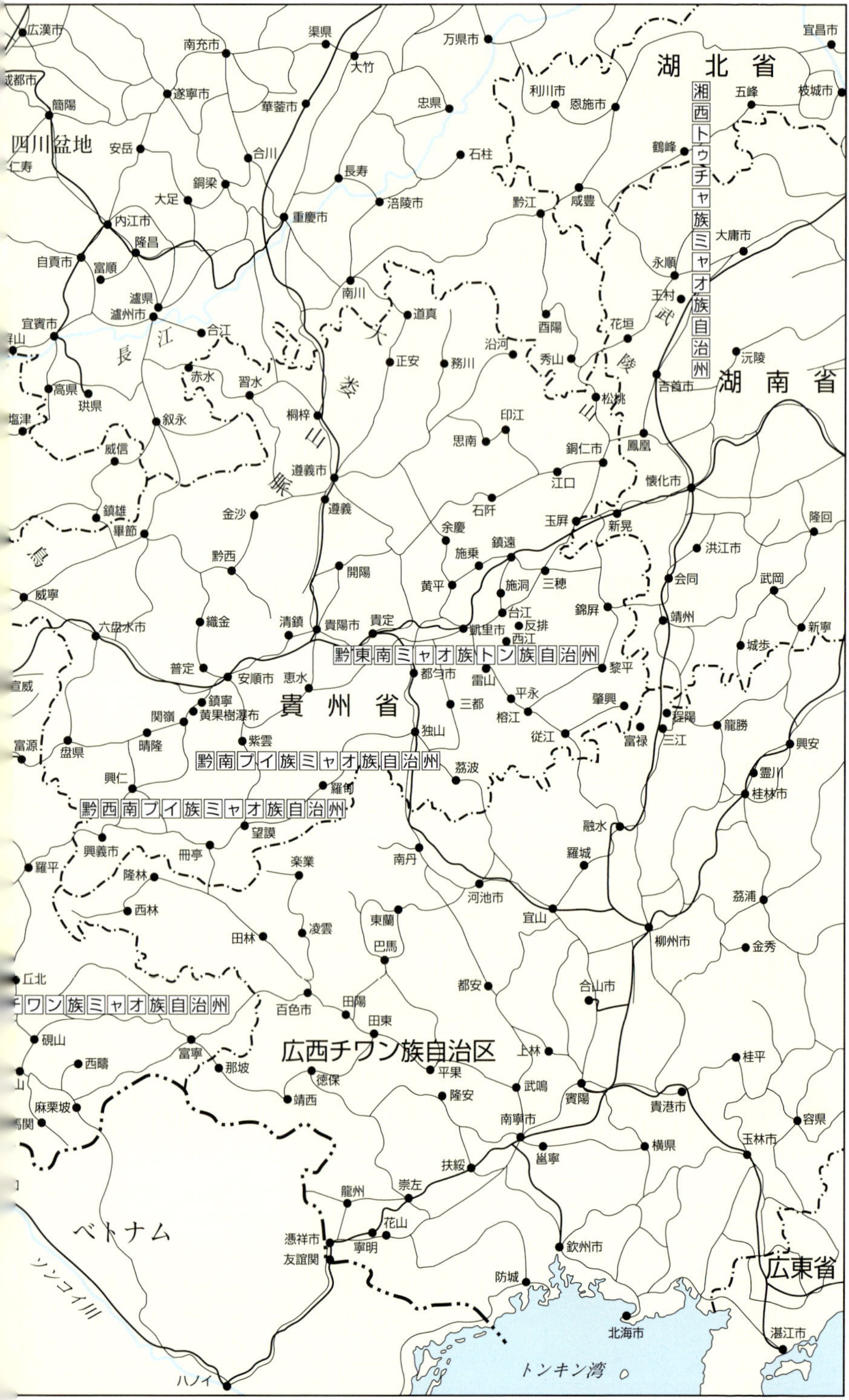

湖北省
湖南省
貴州省
広東省
四川盆地
広西チワン族自治区
湘西トゥチャ族ミャオ族自治州
黔東南ミャオ族トン族自治州
黔南プイ族ミャオ族自治州
黔西南プイ族ミャオ族自治州
チワン族ミャオ族自治州
ベトナム
トンキン湾
長江
大婁山脈
武陵山
広漢市
成都市
簡陽
仁寿
南充市
渠県
大竹
万県市
宜昌市
遂寧市
華蓥市
忠県
利川市
恩施市
五峰
枝城市
安岳
合川
石柱
鶴峰
銅梁
長寿
大足
涪陵市
黔江
咸豊
内江市
重慶市
隆昌
自貢市
富順
大庸市
永順
王村
南川
瀘県
瀘州市
道真
酉陽
花垣
宜賓市
合江
沿河
正安
務川
秀山
沅陵
吉首市
長寧
赤水
習水
松桃
高県
珙県
桐梓
印江
塩津
叙永
思南
鳳凰
威信
銅仁市
遵義市
江口
懐化市
鎮雄
遵義
石阡
畢節
金沙
玉屛
新晃
隆回
余慶
黔西
施秉
鎮遠
洪江市
開陽
黄平
施洞
三穂
会同
武岡
威寧
台江
錦屛
織金
清鎮
貴陽市
貴定
凱里市
反排
靖州
六盤水市
西江
新寧
城歩
普定
安順市
恵水
都匀市
雷山
黎平
宣威
平永
鎮寧
黄果樹瀑布
三都
肇興
関嶺
榕江
程陽
晴隆
独山
従江
富禄
三江
龍勝
富源
盤県
紫雲
興安
荔波
霊川
興仁
羅甸
桂林市
望謨
融水
興義市
冊亨
羅平
南丹
羅城
楽業
隆林
河池市
荔浦
西林
東蘭
宜山
凌雲
柳州市
田林
巴馬
金秀
丘北
都安
合山市
百色市
田陽
田東
硯山
上林
富寧
西疇
桂平
那坡
徳保
平果
武鳴
麻栗坡
靖西
隆安
賓陽
貴港市
南寧市
容県
扶綏
邕寧
横県
玉林市
龍州
崇左
花山
憑祥市
寧明
欽州市
友誼関
防城
北海市
湛江市
ハノイ
ソンコイ川

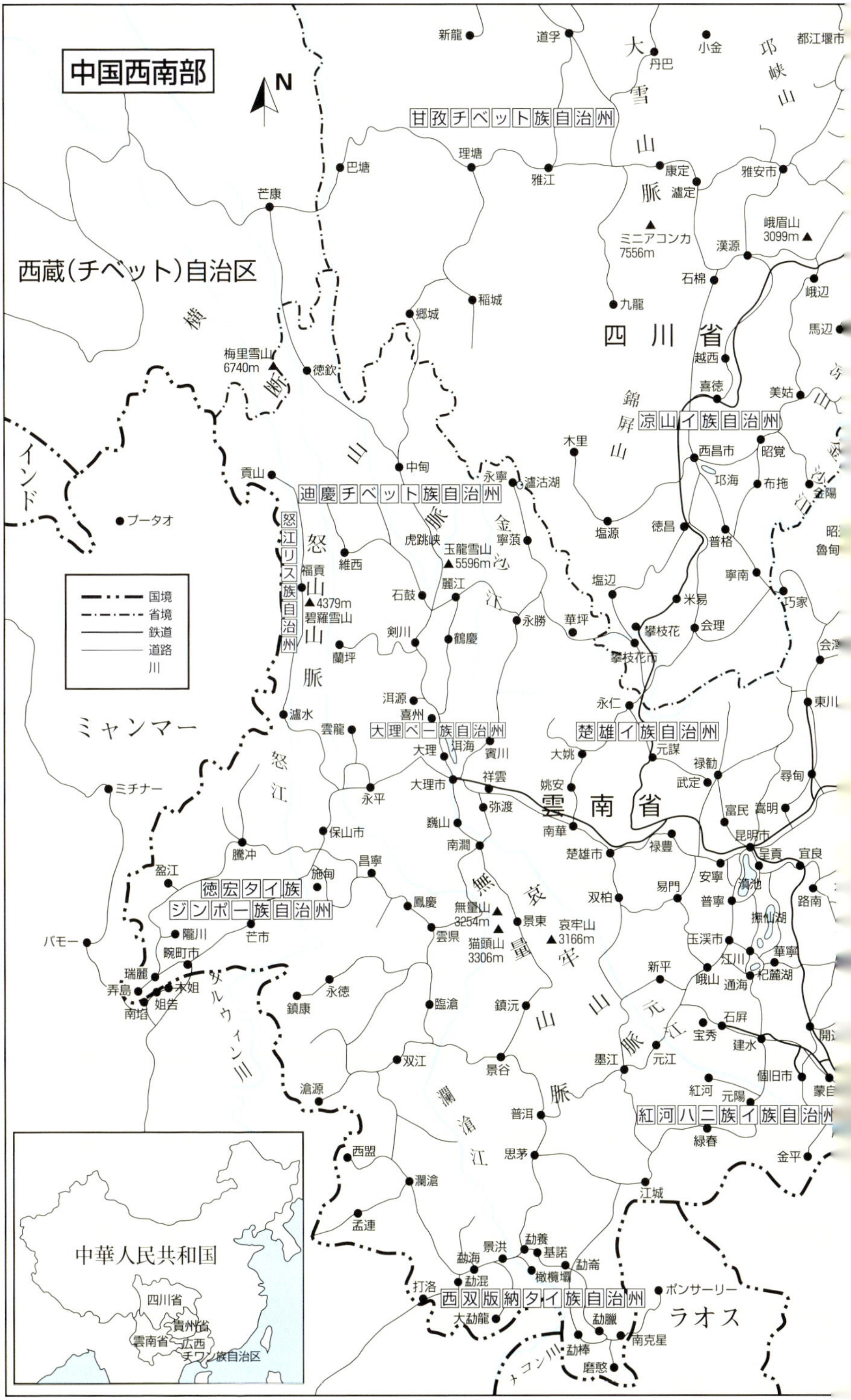

中国西南部
N
西蔵(チベット)自治区
四川省
雲南省
ミャンマー
インド
ラオス
甘孜チベット族自治州
迪慶チベット族自治州
怒江リス族自治州
大理ペー族自治州
楚雄イ族自治州
涼山イ族自治州
徳宏タイ族ジンポー族自治州
紅河ハニ族イ族自治州
西双版納タイ族自治州
国境
省境
鉄道
道路
川
大雪山脈
邛峡山
横断山脈
錦屏山
怒山山脈
雲嶺山脈
無量山脈
哀牢山脈
金沙江
怒江
瀾滄江
元江
サルウィン川
メコン川
梅里雪山
6740m
ミニアコンカ
7556m
峨眉山
3099m
玉龍雪山
5596m
4379m
碧羅雪山
無量山
3254m
猫頭山
3306m
哀牢山
3166m
新龍
道孚
丹巴
小金
都江堰市
理塘
雅江
康定
瀘定
雅安市
巴塘
芒康
漢源
石棉
九龍
稲城
郷城
峨辺
馬辺
越西
喜徳
美姑
徳欽
中甸
木里
西昌市
昭覚
邛海
布拖
貢山
永寧
瀘沽湖
塩源
徳昌
普格
プータオ
維西
虎跳峡
寧蒗
福貢
石鼓
麗江
塩辺
米易
寧南
巧家
永勝
華坪
攀枝花
会理
剣川
鶴慶
蘭坪
攀枝花市
永仁
洱源
喜州
瀘水
雲龍
大理
洱海
賓川
大姚
元謀
禄勧
尋甸
東川
ミチナー
永平
大理市
祥雲
姚安
武定
弥渡
巍山
南華
富民
嵩明
保山市
騰沖
南澗
楚雄市
禄豊
昆明市
呈貢
宜良
盈江
昌寧
施甸
鳳慶
双柏
易門
安寧
滇池
路南
普寧
撫仙湖
バモー
隴川
芒市
雲県
景東
玉渓市
華寧
晩町市
江川
瑞麗
新平
峨山
通海
杞麓湖
弄島
木姐
南坎
姐告
永徳
鎮康
臨滄
鎮沅
石屏
宝秀
建水
双江
景谷
墨江
元江
滄源
個旧市
紅河
元陽
普洱
緑春
西盟
思茅
金平
瀾滄
江城
孟連
景洪
勐養
基諾
勐海
勐崙
橄欖壩
打洛
勐混
ポンサーリー
大勐龍
勐臘
勐棒
南克星
磨憨
中華人民共和国
四川省
貴州省
雲南省
広西チワン族自治区

西双版納《シーサンパンナ》

昼下がり釣り糸をたれる地元民。メコン川は恵みの川でもある。奥に見えるのは全長600メートルの西双版納大橋。

タイ族の歴史と西双版納（シーサンパンナ）

西双版納タイ族自治州は雲南省最南端のラオス・ミャンマーと国境を接する一帯で、面積約二万平方キロ、人口はおよそ七八万（一九九〇年の調査、以下同）。メコン川（中国では瀾滄江）流域の亜熱帯地域に属し、タイ族を中心に、ハニ族、プーラン族、ラフ族、チノー族、ワ族、イ族、回族など多くの民族が居住する。

シーサンパンナとはタイ語のシップソンパンナー。シップソンとは一二、パンナーは伝統的な行政単位である。つまり、一二の村々からなる地域といったところだ。

タイ語の名が付いているように、この地域は「タイ族文化圏」である。しかし、タイ族の歴史をひもといてみると、彼らはもとからこの地に住んでいたのではなく、華南の沿岸部に分布していたようである。それが漢族の勢力伸長にともない、だんだん山地の方に南下した。歴史の舞台に本格的に登場するのは一三世紀のことである。タイ系の王国が次々と成立したのである。それを決定づけたのはモンゴル族の南進であった。

元のフビライが「大理王国」を滅ぼし、ついで明代に雲南への漢族の大移動が行なわれ、東部と中部の盆地は漢族の居住地となっていく。それに従い、タイ族はインドシナ半島へ南下、活発な動きを展開する。すなわち、雲南のシップソンパンナ王国とともに、ランサーン王国（ラオス北部）、ランナータイ王国（タイ北部）、スコータイ王国（タイ中部）、のちのアユタヤ王国（タイ南部）を打ち建てるのである。この背景には、モン族（Mon　ビルマ、タイ中・西部）やクメール族のインド化された王国の衰退という条件もあった。

このような一三世紀のタイ族の一連の動きは、東南アジア史において、「大いなる沸騰」とか、「タイ族の世紀」とか名付けられている。この後、タイ族はビルマ族とインドシナの覇権を争いながら、一八世紀末にバンコクに達し、今日のタイ国家の枠組みがかたちづくられるのである。

中心の街を景洪（ジンホン）という（地図０２８ページ）。私が初めてこの地を訪れたのは一九八六年のことだが、当時は長距離バスが一般的な交通手段で、省都昆明からは二泊三日かかった。アップダウンが激しく、曲がりくねった道は、ひとつとして真っすぐなところがないため、平均時速二〇キロぐらいで移動し、夕方には早々に投宿ということになる。予定外のところに泊まるので、夕食後そぞろ歩くのも楽しかった。

それが、一九九〇年代に飛行機が直接昆明から景洪に乗り入れ、一時

景《ジン》洪《ホン》

ヤシの並木道が続く西双版納の中心景洪。ここだけ見ているとまても中国とは思えない。

広大な敷地が自然公園のようになっている西双版納熱帯花卉園。

間足らずで行けるようになった。同時に道も整備され、寝台バスも運行されている。

当然、街も急激に変わった。街のいたるところに自由市場があり、近郊のタイ族が野菜や赤飯などを持ち寄っていたが、そうしたところが消え、碁盤の目のように整備された街には、夜ともなるとはなやかにネオンが灯る。ここがかつて秘境と謳われた街なのかと目を疑ってしまう。

屋根つき市場はきれいに整地され、インド人やビルマ人が翡翠などの宝石類を売る店に変貌した。メコン川には新たに全長六〇〇メートルの西双版納大橋が架かり、岸辺は遊歩道に整備されている。タイまでの貨物船も運航されるようになった。

とはいえ、椰子の並木道が中央を走る街なかに、ブーゲンビリヤ、ハイビスカスといった亜熱帯特有の花ばなが、色を競うように咲き乱れ、

メコン川に飛びこんで遊ぶ子どもたち。川の水は茶色く濁っているが、だれも気にしていない。

タイ族の女性たちが色鮮やかなサロン（腰巻状のスカート）を身にまとって闊歩しているのを目の当たりにすると、やはりここは少数民族の街、辺境の街なんだと実感させられることも事実だ。

街はずれにタイ族の集落がある。以前は竹矢来で囲まれた高床式家屋が密集し、のんびりとした昼下がり、ニワトリの鳴き声、子どもの遊ぶ声がどこからともなく聞こえていた。今はテラス風に家屋を改造したタイ族レストランや民宿が建ち並んでいて、バックパッカーに人気のエリアとなっている。

街の中心には孔雀湖公園、少数民族の家屋を再現した民族風情園、西双版納熱帯花卉園、広大な曼聴公園と、その隣に建つタイ族が信仰する上座仏教の寺院などがある。散歩がてら訪れ、地元の人と身振り手振りで話してみるのも楽しい。

整地されたメコン川沿いは若者の絶好のデートコースになっていた。

タイ族は東南アジア諸国同様上座仏教を信仰している。人々は子弟を仏寺に入門させ、僧侶となることを願っている。

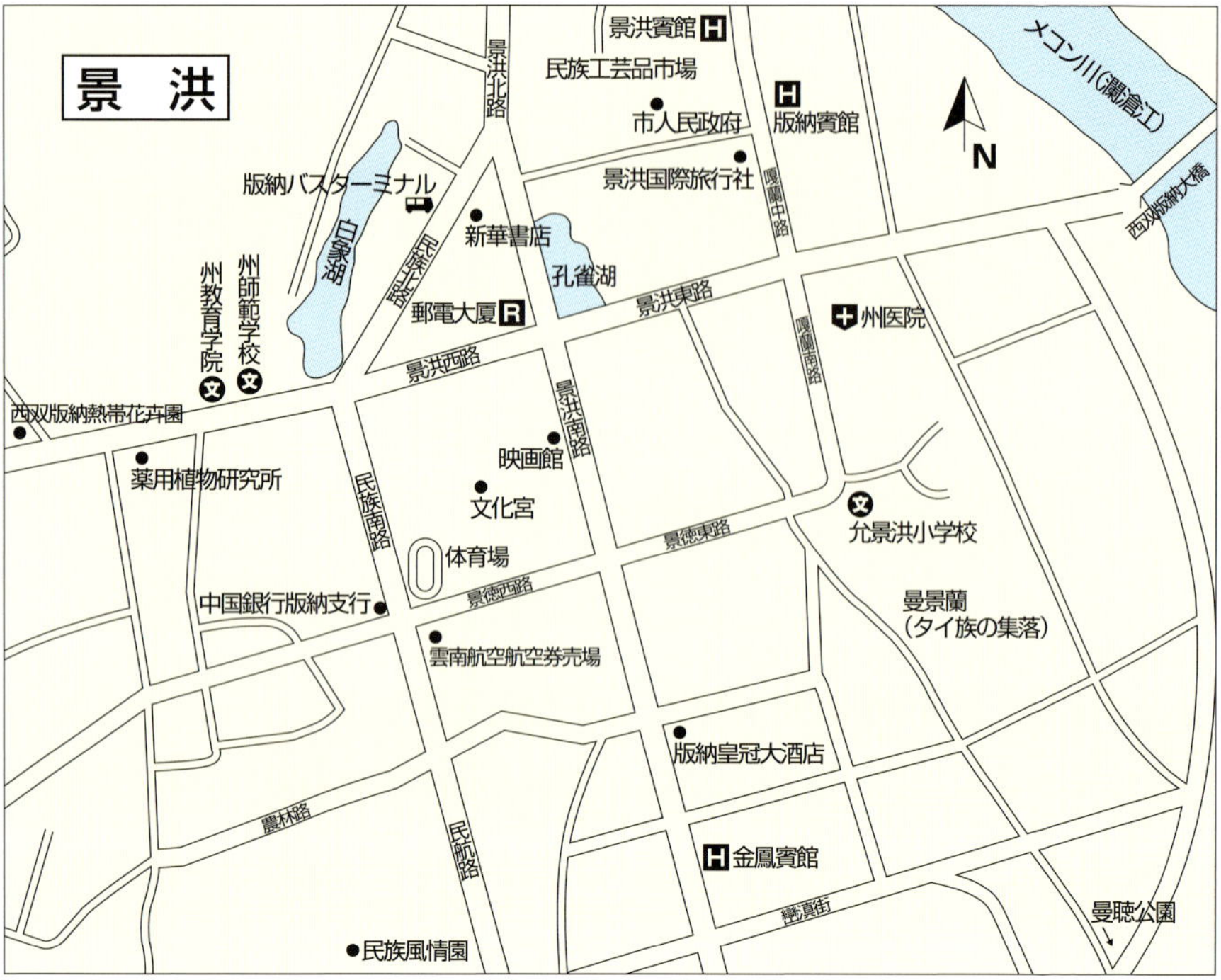

■景洪へのアクセス

飛行機　国内線

景洪——大理　毎日
景洪——麗江　毎日
景洪——昆明　毎日

国際線

景洪——バンコク　火、土曜16：10—18：40
バンコク——景洪　火、土曜11：10—15：40

バス　景洪市版納バスターミナル

景洪——昆明　７：00～18：30　１時間間隔
景洪——大理　12：30
景洪——河口　７：00
景洪——墨江　18：30
景洪——思茅　６：00～18：00　30分間隔
景洪——打洛　７：00～17：30　20分間隔

●ホテル事情

版納賓館(景洪の老舗ホテル)　シングル390元　ツイン80元から　３人部屋１人30元
景洪賓館　シングル200元　ツイン200元から
金鳳賓館　シングル428元から

水かけ祭り

毎年四月中旬に三日間開催される、タイ暦新年の祭り「潑水節」（水かけ祭り）は、街をあげて行なわれる。タイ王国でも名物として知られるソンクラーンである。

文献には潑水節について次のように記してある。

伝説によれば、昔、残忍な魔王が現れ、七人の娘を妻にした。娘たちは知恵をしぼり、魔王を殺すことに成功し、魔王の前になす術もなく、苦しみつづけていた村人たちをも災いから救った。娘たちは血痕を洗い流すためにお互い水をかけ合った。以後、七人の娘たちを記念して毎年新年に、水をかけ合いお互いの幸福を祈るようになったという。

初日。近隣の諸民族や観光客で、メコン沿いは身の置き場もない。竹製のロケットが、けたたましい音を響かせて打ち上げられる。龍舟競技も始まる。二、三隻ずつ、対岸からメコン川の流れを横切って速さを競う。三、四〇人が乗り込んでいる龍舟の真ん中で、目いっぱいドラが叩かれている。女性だけの龍舟もあり、漕ぎ手の乙女たちは赤、青、黄色の原色のブラウスにサロンで身を包んでいる。茶色く濁ったメコンの水と対比をなし、とてもカラフルだ。

翌日は公園の近くで丢包（ディュパオ）があった。歌垣の一種と言えばよいだろうか。男女に分かれて向かい合った若者たちが、一〇センチ四方ぐらいの座布団みたいな包みを投げあう。意中の相手が受け取れば、恋がかなうのだ。しかし、それは昔のこと。今では祭りの催しのひとつに過ぎなくなった。

夜、街の広場で花火と踊り。そして「孔明灯」が打ち上げられた。孔明灯とは一種の熱気球で、二〇〇年の歴史があると言われる。三国志で有名な諸葛孔明が雲南に遠征したとき、この地に稲をもたらしたという言い伝えから孔明灯と名付けられたとも言われている。三、四メートルある紙製の球体の下部が開いていて、そこに竹で枠を作り、油をしみ込ませたぼろ布を巻き付け、それに火をつけて、熱で気球を膨らませ、空高く舞い上げるのである。

三日目。二日間の前座は終わった。いよいよ潑水節の日である。別名、水かけ祭り。この日から新年の暦が始まる。水をかけ合って、新年の幸福と豊作を祈る。

夜明けとともに人々は寺院に参り、僧侶の説法を聞き、そして街に繰りだすというので、早朝に村の寺院に行った。七時ごろから村人たちが集まり、お供えをし、車座になって、僧侶の話に耳を傾ける。

九時ごろ街に戻ると、人々はバケ

水かけ祭りの一環で男女が輪になって踊る。女性のしなやかな手や腰の動きが日本人的だ。

水かけ祭りの当日、早朝に寺院に集まり僧侶の訓示を受ける。この日がタイ族の新年。

ツや洗面器持参でグループをつくり、水をかけあっていた。最初は手のひらでちょこちょこかけているが、だれかがバケツでざばっとやると、連鎖反応して水が空中に躍り始める。村中が一気に喧騒に包まれた。通行人にも容赦しない。逃げるそぶりなど見せようものなら、集中放水を受ける。逃げ腰になるところを狙われて、手持ちのカメラ一台を水死させてしまった。

若い女性は格好の標的になる。たまらず必死に逃げるけれど、結局つかまって頭からざんぶり。全身ぬれねずみで、せっかくの晴れ着がだいなしだ。なのに、いっこうに気にするふうもない。「楽しいよ。だって新年だもの。祭りだもの」。暗くなるまで大はしゃぎは収まらない。

八時過ぎ、新年を祝う愉快な祭りは終わった。

曼聴公園の一画で丟包（ディユパオ）が華やかに行なわれた。タイ族の求愛の習俗で歌垣の一種である。

水かけ祭りのハイライト。水はかけられればかけられるほど幸せになれるという言い伝えがある。

橄欖壩《カンランバ》

メコンは地元の人たちにとってなくてはならない川。実に人間臭い川だと思った。

橄欖壩（カンランバ）は景洪からメコン川沿いに下ったところにある（以前は舟で移動できた）、もっとも西双版納的といわれる町だ（地図060ページ）。典型的なタイ族の高床住居が密集し、田圃の中では水牛が落穂を食んでいる。

　夕方、メコン川の岸はたいそうな賑わいになる。大勢の老若男女が夕涼みを兼ね、川辺に出てくるのだ。子どもたちは裸で土手の上から川に飛び込んで遊んでいる。私はこの光景を見るのが楽しみで、何もない小さな村に、何度も訪れた。

　若い女性が二人、水辺に座り、腰まである黒髪をクシで何度もとかしながら洗っていた。濡れたサロンが体にまといつき、エロティックだ。気づかれないように写真を撮っていると、すぐにばれてしまい、「撮っちゃダメ」と言って、笑いながらカメラ目掛けて水をかけてきた。ちょ

タイ族の風俗風習をよりよく残す橄欖壩。のんびりするのに最適のところだ。

っと恥ずかしくなったが、それでも写真を撮っていると、本気で水をかけられそうになったので、あわてて退散。

タイ族の女性は服（といっても胸までたくしあげたサロンだけ）を着たまま川に入り、泳いだり、洗濯したり、体を洗ったりする。

体を洗い終わったらその場で着替え、バケツに水を汲んで家路につくのだが、着替えのときには彼女たちの民族衣装が威力を発揮する。濡れたサロンの上に渇いたサロンをまとうと、全く肌を見せずにあっという間に着替えてしまうのだ。更衣室も囲いも必要ない。もっとも年配の女性になると大胆なもので、脱いだサロンやブラウスを頭の上にのせ、濡れないようにして体を洗うと、また頭の上の衣服を着てなにくわぬ顔でスタスタと帰っていく。

タイ族の女の子は明るい。しかしはにかみ屋でもある。いくらこちらを向いてと頼んでもだめだった。

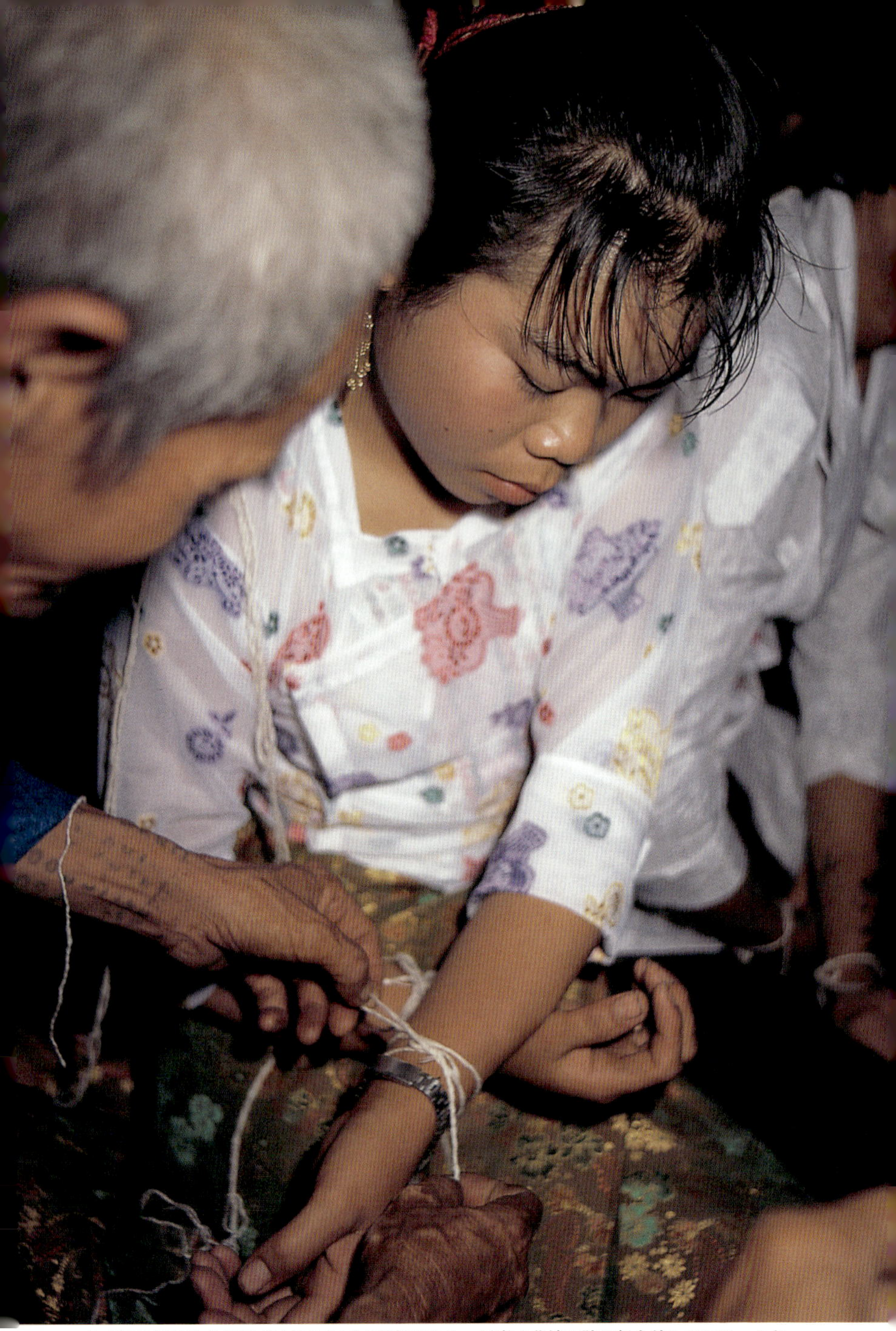

タイ族の伝統的な結婚式は村をあげて挙行された。長老が花嫁の腕に紐を結んでいる。これは拴線（シュワンセン）の儀式といい、新郎新婦の心をひとつに結びつける象徴的なもの。

長老たちが中心のテーブルを囲み、正面に新郎新婦がぬかずいて、厳かに儀式が行なわれた。

タイ族の結婚式

橄欖壩で伝統的なタイ族の結婚式を見ることができた。

　メコン川の対岸で結婚式があるというので、ボートで渡って教えてもらった方向に進むと、竹矢来で囲まれた高床式住居が軒を連ねる一画に、大勢の人たちが陣取っていた。どうやらここが結婚式のある家らしい。

　家の階段をあがると、踊り場風のところに、テーブルが配置され、バナナの葉で飾り付けをし、贈り物の布、タオルなどが重ねられていた。手前にお金の入った器が置かれ、奥で女性が来客を迎えている。客は祝儀として一元か二元（一元＝約一三～一四円）置き、中に進む。私もご祝儀を納めて部屋の中に入った。

　屋内では男女別々に五、六人ずつが車座になり、すでに酒盛りが始まっていた。目の前にはとりどりの料

平伏して長老の訓示にじっと耳を傾ける新郎新婦。

理。突然お邪魔した私にも、酒が次から次へとまわってきて、祝いのご馳走が運ばれる。五〇度前後はある白酒に、目をまわしそうだ。

ざわついていた会場が急に静かになった。儀式の始まりだ。入り口の飾り付けが式場に運びこまれ、その前で新郎新婦がひれ伏す。長老たちが二人を囲むように座る。飾り付けは「索累束」といい、結婚式の主要な役割を担っているとのこと。

長老のひとりが物静かに、言い聞かせるがごとく、それでいてリズミカルに祝詞をあげる。二〇分ほどでそれが終わると、長老がひとりずつ新郎新婦に祝いの言葉を述べ、手にした五、六センチの二本の白い紐を、二人の腕に一本ずつ巻きつける。二人の純粋な気持ちが、いつまでも続くようにとの願いが込められているのだという。

他の人たちは背後から、同様の紐

儀式が終わると来客は数人ずつ車座になり宴会に移行する。宴会は夜中までも続いた。

を二人の肩から肩へ、ちょうど橋渡しのような形で架ける。拴線《シュワンセン》と呼ばれるこの儀式が一時間ほどで終わると、再び宴会に移り、結婚式は夜遅くまで続いた。結局この日、私は四方八方から出される酒を断りきれず、取材途中にもかかわらず酔いつぶれ、気がついたら知らない家で寝ていたのだった。

タイ族の間では開門節と関門節という期間がある。開門節はいわゆる農閑期で、公的行事が盛んに行なわれる。一方、関門節は多忙な農繁期だ。村人は村を離れることも許されず、この期間は結婚も避けなければいけない。そのため、開門節は愛情の門が開かれる日ともされている。

現在、西双版納では気候に恵まれ二期作が主体で、開門節にあたるシーズンでも忙しい。だが、今でも結婚式はたいていこの時期に行なう習慣のようだ。

南糯山《ナンノーシャン》

茶摘みをする南糯山のハニ（アイニ）族の女性。

ハニ族と茶樹王

ヒマラヤ南部から西日本にかけてカシ、ツバキなどの照葉樹が自生する地域に住む人々の、基層文化の共通性に着目し、「照葉樹林文化」とする視点が唱えられ、日本のルーツ論にまで発展したのはよく知られている。そうした目で眺めると、西双版納には納豆やチマキ、赤飯、ナレズシなど、日本に馴染み深いものがかなり多いことに気づく。お茶もその一つだ。

景洪の西に位置する南糯山（ナンノーシャン）というところに、お茶の高木があるという（地図060ページ）。「茶樹王」というのだそうだ。

途中までバスで行き、その後灌木が生い茂る山道を歩いていると、村人がわずかな平地を耕し、共同で田植えをしていた。一本一本苗を植えていく姿は、岩手県に生まれた私の原風景そのもので懐かしくなる。

南糯山周辺はハニ（アイニ）族の居住地で、彼らはタイ族の影響を受けながら、山岳地帯に住み着き、農耕生活を送っているのである。さらに進むと、山の斜面を利用した茶畑が見えてきた。段々に整地され、等間隔に植えられたお茶の木は、腰のあたりまでのびている。夫婦らしい男女が茶摘みをしていた。カゴを背負い、慣れた手つきで摘み取った葉を次々とそのカゴに入れていく。ハニ族はお茶の栽培もよくしているのである。

写真を撮ろうとすると、恥ずかしがり、うつむいてしまった。仕方がないので撮るのをあきらめ、しばらく作業を眺めていたが、またカメラを構えると、今度は顔を隠すことなく、撮らせてくれた。「このへんに茶樹王というお茶の木があると聞いてきたのだが」と言うと、「もう少し先に行ったところだ」とのこと。

ふたたび歩き始めると、ドッドッドッと力強い音を周りに響かせ、耕耘機が登ってきた。手を上げると気前よく荷台に乗せてくれた。高床式家屋が点在する村を通り越してしばらく走り、ここから歩けと降ろされたところには、急な石段が谷底に向かって続いていた。

鬱蒼と生い茂る樹木を縫うように石段を降り始めた。かなりの急勾配だ。徐々にヒザに負担がかかり、痛くなってきた。帰りはこの石段を登らなければいけないのかと思うと、恨めしくなる。

八〇〇段ほどある石段をやっと下りきると、谷底がわずかに開け、一段高くなったところに、ボコッボコッと幹からいくつものコブの出た老木が一本、堂々とした姿で地を這うように立っていた。それが茶樹王だった。

樹齢800年の「茶樹王」。ゴツゴツ瘤の出ているところなどいかにも老樹といった感じ。

柵で囲われた茶樹王は栽培種で、樹齢八〇〇年。立て掛けてある看板には、樹高五・四八メートル、樹幅一〇・九×九・八六メートル、幹まわり一・三八メートルと書かれている。枝が伸びすぎたため切り取られていたり、添え木をしているところもある。一見したところとてもお茶の木とは思えないが、近年までハニ族がこの茶樹王によじのぼり、茶の葉を摘んでいたという。

茶の原産地が四川および雲南というのは、現在定説になっている。わが国に初めて伝わったのは九世紀、遣唐使によってである。だが、定着するのは一二世紀になってから。鎌倉時代、天台山に留学した栄西禅師がもたらし、それが現在の日本の茶園の基礎となったといわれる。

茶は、南方の嘉木なり。といったのは、陸羽（唐代の人で、お茶の神様として崇められている）だった。

糸紡ぎをしながら家路につくハニ（アイニ）族の女性。橄欖壩郊外。

勐混《モンフン》

シーサンパンナ最大の日曜市が開催される勐混。

プーラン族と日曜市

景洪から南西に八〇キロほど行くと、勐混（モンフン）というタイ族の集落がある（地図060ページ）。普段は何もない小さな村だが、日曜日になるとがらりと様変わりする。シーサンパンナ最大の日曜マーケットが開催されるからだ。私はそのマーケットが見たく、朝早くバスに乗った。

一〇時ごろ村につくと、通りの両側にタイ族をはじめ、ハニ族やプーラン族などが野菜や織物を持ち寄り、露店がびっしりと並んでいた。ミーセン（米で作った麺）を食べさせる屋台もある。プーラン族の女の子たちが数人かたまり、竹ぼうきを売っていた。自分たちで作ったのか聞くとお父さんだという。お父さんはどこと聞くと、村にいてマーケットは私たちだけだという。

彼女たちを見ていると、商売も大

手製のほうきを持って日曜市に駆けつけたプーラン族の娘たち。民族衣装の頭飾りに威厳を感じる。

事だが、マーケット自体が楽しみで、なんやかんやと言っては売り場を離れ、周りを見て歩いている。

商売が一段落すると、彼女たちはミーセンで腹ごしらえし、ほうきを売ったお金で日用品を買い揃えると、帰りの準備にかかった。村は遠いのかと聞くとすぐだと言うので、私もいっしょに村を訪れることにした。

通りからそれ、山道に入った。途中何度も枝分かれする。道はどんどん細くなり、獣道のようになっていく。まわりは樹木で覆われ暑苦しい。額から汗が滝のように流れる。いい加減疲れ果て、あとどのぐらいかかるのか聞くと、もうすぐだという返事。マーケットで買った重い荷物を背負っているのに、平気な顔をしている。

三時間も歩いたろうか、前方に集落が見えた。やっとついたと思ったら、そこはラフ族の村だった。屋根を草で葺いた土間式の家屋の前は茶畑になっていて、女性が茶摘みをしていた。子どもたちも数人いた。

さらに進むと、またもや集落が見えた。どうせ違うだろうと期待しないでいると、「ついたよ」。そこには大木で囲まれた入母屋式の高床住居が、わずかな平地に寄り添うように建っていた。まるで隠れ里のようだ。

井戸の前を通ると、女性たちがバケツを持ち寄り、水汲みしていた。眺めていると子どもたちが二人、三人と集まりだした。ひとりが肩に掛けたカメラのレンズを覗くと、別の子が仲間たちを撮る真似をする。好きにさせていると、子どもたちがどんどん集まりだした。乱暴に扱わないように、レンズに触らないようにと思うのだが、とうとうカメラの奪い合いが始まった。娘が笑いながら、「さあ行こう」と言ってくれた。

集落の中ほどが彼女の家だった。タイ族と違い、竹矢来で家が囲まれていないので、オープンな感じだ。

家の中は入ってすぐが居間。中央に囲炉裏が切ってあり、五徳に鍋がかかっていた。奥は寝室のようだ。電気が通っていないので、ドアを締めると囲炉裏の灯りだけが頼りになる。

この家はご主人と奥さん、あとから入ってきた弟、それに彼女と四人家族だった。ご主人は旧知の間柄のように言った。

「さあ適当に座ってくれ、まもなく食事ができるから——」

すぐ帰るはずが、居心地の良さに、結局泊まることになった。

プーラン族の集落にいく途中寄ったラフ族の村（上）と、日曜市から帰るプーラン族。

村外れに共同の井戸があり、村に辿りついたとき女性や子どもたちが水汲みをしていた。

勐養郊外に住む花腰タイ族の女性。民族衣装だけを見るとタイ族と思えない。

象の姿に似たガジュマルの木。確かに見ようによっては象に見えなくもない。

景洪から北東約三五キロに位置する勐養（モンヤン）に行った（地図060ページ）。町外れに象の姿をしたガジュマルの樹があると聞いたからだ。しかし、期待はずれだった。見ようによっては確かに象に見えなくもないが、この程度に変形したガジュマルならどこにでもありそうだ。

　気を取り直し、郊外に住む旱タイ族と花腰タイ族の集落に行こうと歩いていると、田圃に数人の男女がいて何かを投げるような仕種をしていた。近づいて見ると、なんと苗をダーツのように投げて植えているではないか。よく見ると、苗の根元に泥をつけ、それを重りにし、狙いをつけて投げているのだ。

　当然直接植えるより不揃いになるが、植えた跡を見てもそれほど気にならない。これなら腰に負担がかからないので楽だろうが、なぜここだけこんなスタイルなのだろう。何度

苗を投げて田植えをするタイ族。ただしこれが一般的というわけではない。

もこの地域を訪れているが、こんな田植えを見るのは初めてだ。

旱タイ族と花腰タイ族は、街道から外れた山あいの麓に、隣あわせに住んでいた。彼らは水タイ族（一般に言うところのタイ族）と違って、土間式の家屋に住み、民族衣装も違うため、同じ民族とはとても思えない。

初めて景洪であったとき、いくらタイ族だと言われても信じられなかった。そこで聞いてみた。

「水タイ族とは家の作りも民族衣装も違うのに、どうして同じ民族なんですか」

「そんなこと知るもんかね。でも昔からわしらはタイ族だがね。それはそうとあんたどこから来たね」

何にも答えになってはいないけれど、なぜかいい返事だなあと納得してしまった。

山の斜面にへばりつくように建つクンムー人の集落。

クンムー（空格）人

クンムー人は、勐養から一〇キロほど奥に入った山岳地帯に住んでいる。五五の少数民族に含まれていないため「人」といわれている。人口もはっきりしたことはわからない。含まれない理由は、人口が少ない、歴史や文化が解明されていないなど。「族」に昇格させると少数民族優遇政策をとらなければいけないからそうしないとか、プーラン族として登録されているとかいう話も聞いた。

クンムー人は、青を基調とした腰までの貫頭衣とスカート、それに脚絆を巻いている。斜面にへばりつくように建つ高床式住居は、床下を家畜小屋や物置き、機織りなどの作業場として利用している。糸紡ぎから始まり、今でも民族衣装一式を、自分たちの手で作っている。

高床住居の床下は作業場になっていて、女性たちが機織りをし、糸を紡いでいた。

帽子に特徴があるチノー族の民族衣装。

チノー族の集落、基諾山（チノーシャン）

景洪から勐養経由で基諾山（チノーシャン）に行った（地図０６０ページ）。距離にして約五五キロと近いので日帰りも十分可能だ。ここでの目的はチノー族である。少数民族の中でも特に少数の民族で、基諾山だけに住んでいる。

車を降りたところはちょっとした広場のようになっていて、小規模ながらも市が開催されていた。とはいえ、日常的なことと見え、あまり人だかりはない。

村はその広場を境に山側と谷側に密集していた。家屋のあいだを縫うように坂の上の村に向かった。途中、山から引いた水道で、年配の女性が洗濯をしていた。立ち止まり、ふと振り向くと、鬱蒼と生い茂る樹木で覆われた山々がどこまでも続き、中

軒下で勉強する子どもたち。普段民族衣装を着なくなったのが残念だ。

腹に他民族の集落が確認される。

さらに登ると、家の裏の方から子どもたちの声が聞こえてきた。声のするほうに行くと、そこは学校で、数人の子どもたちが軒下で勉強していた。本を読んでいたり、漢字の書き取りのようなことをしている。先生がいないので、自習時間なのだろう。

若い娘たちも何人かいる。しかし、だれも民族衣装を着ていない。正装した姿を見たいというと、最初とまどっていたが何人かが着替えてくれた。チノー族特有の三角形の帽子をかぶり、衿なしの上着にスカート、そして脚絆といういでたちである。

民族衣装はハレの日などにしか着なくなったという。チノー族としてのアイデンティティは徐々に失われていくのであろうか。

勐臘《モンラー》

勐臘郊外に住むヤオ族の女性。訪ねたとき廃物利用した糸車で盛んに糸を紡いでいた。

ヤシの並木道がつづく勐臘の中心街。ここを訪れる人の大半はラオスに抜けるかラオスから来た人たちだ。

勐臘（モンラー）は西双版納タイ族自治州で景洪につぐ大きさを誇る都市だが、ここを訪れるのは、陸路でラオスに抜けるために立ち寄る人ぐらいである（地図060ページ）。

街にはこれといって見どころはない。周囲に熱帯雨林帯が多く残っているので、観光のポイントは自然美ということになる。代表は「望天樹」で、高さ一五メートルほどの高木に渡した吊り橋を巡る空中散歩が売りだ。

街の北三五キロほどのヤオ区という、ヤオ族の集落も見逃せない。民族衣装を日常的に着用し、その特徴は藍に染めた上着にスカートが基本だが、胸に赤の紐を何本もたらして、帽子を毛糸で飾り、さらにピンクや赤の細長い布で飾っている。そうした姿で、土間式家屋の軒下で、自転車の車輪を利用して、糸を紡いでいたのが印象的だった。

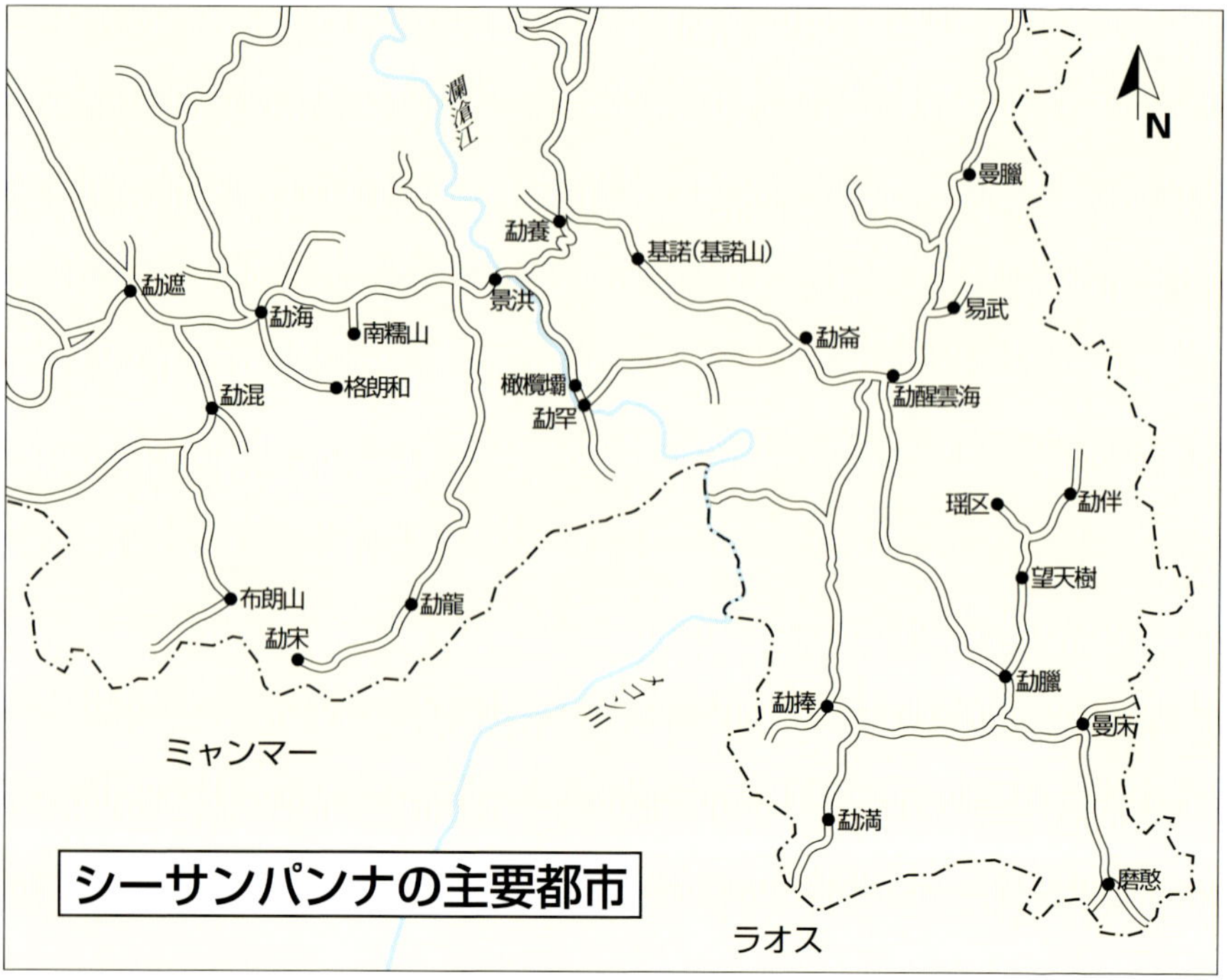

バス　景洪から近郊へのアクセス

景洪——橄欖壩　6：30～19：00　10分間隔

勐罕行きで途中下車

景洪——勐養　8：00～18：30　30分間隔

基諾山には勐養——基諾山を走る不定期バスか車をチャーター

景洪——勐海　7：00～18：30　20分間隔

南糯山は交通の便が悪いので、車をチャーターしたほうが無難

景洪——勐混　8：50　10：30　13：40

景洪——勐臘　6：00～20：00　20分間隔

●ホテル事情

橄欖壩賓館　ツイン120元から

勐臘　軍供賓館　シングル60元から　南疆賓館　シングル22元から

勐養にも安宿はあるが、景洪から日帰りがベスト

タイ（傣）族

東南アジア一帯に居住するタイ族は、中国では西双版納を中心に、雲南省にもっとも多く住み、中国内では人口約一〇二万五〇〇〇人。

タイ族は盆地に多く住む。「水タイ族」は集落を河川を臨むところにつくり、「旱タイ族」、「花腰タイ族」は山がちのところが多い。主食は米で、西双版納のタイ族はモチゴメや焼き魚を好んで食べる。

宗教はビルマ（ミャンマー）より伝わった上座仏教を信仰しているが、同時に「ピー」と呼ばれる精霊も信じていた。このピーのうち病気や災厄をもたらす悪霊を祓う巫師がかつてのタイ族社会では高い地位を占めていた。

ハニ（哈尼）族

ハニ族は人口約一二五万五〇〇〇人。紅河（ホンハ、ソンコイともいう。上流は元江）とメコン川の間に集中し、もっとも多く住んでいるところは紅河沿いの哀牢山である。西双版納ではアイニ族とも呼ばれ、勐海県に集中している。中国以外にも多く、ミャンマーやタイ、ラオスではアカ族といわれている。

ハニ族はかつては焼畑農業でトウモロコシやマメ類を栽培していたが、タイ族の影響を受けて、山の斜面を棚田に造成し、天水を利用した水稲耕作を営むようになった。特に元陽の棚田は有名だ。

お茶の栽培も盛んである。彼らの作るお茶は、チベット族が好んで飲む磚茶が作られる普洱《プーアル》茶（半発酵茶）である。ちなみに普洱茶とは、お茶の集散地が普洱なのでその名がついたものである。

宗教はアニミズムで、「龍樹」という神木を大事にする。龍樹は各家ごとにあり、正月には盛大な龍樹祭りを行なう。高床式住居の屋根の棟木には、日本の千木を思わせる木彫りが飾られていて興味深い。

男女の交際は自由で、西双版納などでは青年の集う「花房」と称する、日本でいう若者宿がある。これは小さな建物で、結婚前の若者たちは、夜ここで仲間と一緒に過ごす。

プーラン（布朗）族

プーラン族は人口約八万二〇〇〇人。布朗山、双江、瀾滄、墨江などの山岳地帯に多く住む。

唐、宋代には南詔王国、大理王国の支配下にあって、弓矢を持ち山野を駆けまわる狩猟民族であったという。

西双版納に住みついてからは、タイ族と接触するようになり、次第に彼らの文化を取り入れ、農業を営むようになった。タイ族勢力圏の中にあって、その下層民として、もっともタイ族的な暮らしをしていた。つまり、モン・クメール系山地民族と、タイ系水稲耕作民族の、折衷文化を持つ民族なのである。

タイ族の村からそれほど遠くないプーラン族の集落を訪れたとき、そこに住んでいる人たちが、みなタイ族と変わらない服装をしているのに驚いた。最初はタイ族かと思ったほどである。

もちろん、今でもプーラン族固有の民族衣装を着ている集落もある。しかし、それはだいぶ山岳地帯に入ったところである。民族衣装に関しても、タイ族の住む地域に近ければ近いほど、その影響は大きい。

宗教は上座仏教を信仰しているが、自然物には精霊、霊魂が宿るとされるアニミズムも信じている。

チノー（基諾）族

チノー族は西双版納の基諾山に集中して住む民族である。文献に登場するのは清代になってからである。一九七九年に正式に認められた民族で、五五の少数民族の中では少数派に属する。人口は約一万八〇〇〇人。

三国志で有名な諸葛孔明にまつわる伝説が残っており、昔、諸葛孔明が南征したおり従軍した人たちが祖先だといわれている。

山の斜面を焼畑耕作して陸稲、トウモロコシなどを栽培し（水稲栽培も近年若干見られる）、商品作物としてお茶を作っている。狩猟も盛んで、鳥獣や山菜などは貴重な食料である。

宗教は万物に霊が宿るアニミズムの段階にとどまっている。

ラフ（拉祜）族

ラフ族は人口約四一万二〇〇〇人。タイ族の勢力下にあり、雲南省のメコン川流域の、ミャンマー寄りの山間部に居住する。

山奥に住んでいたため、狩猟と焼畑耕作が主であったが、現在は山間部だけでなく、山の麓にも集落を作り、水稲耕作も行なっている。

宗教は万物に霊魂が宿るとされるアニミズムだが、タイ族の影響で上座仏教も信じている。また、一部の地域ではキリスト教も若干ながら見られる。

一般的に他民族とは通婚しない。結婚後は女性方に住む。

（地図018・060ページ）

西盟《シーモン》

危なっかしい手つきで木を削りコマを作っていたワ族の子。果たしてうまく回るか。

ミャンマーとの国境沿いの山岳地帯に住むワ族の集落。

西盟（シーモン）はミャンマーとの国境の町（地図066ページ）。私がこの地を訪れたのは、郊外に住むワ族に会うためだ。

町をぶらつき、市などを見ながら郊外に足をのばすと、数人が連れだって歩いている。もしやと思い、ワ族かと尋ねると、果たしてそうだった。村に帰るというので同行させてもらった。街道からそれ、くねくねした道をひたすら歩き続けること二時間。山頂近くのわずかに開けたところに土間と高床の混在した集落があり、そこがワ族の村だった。

五〇世帯もあろうか、子どもたちが庭先でナタを使い、危なっかしい手つきでコマを作っていた。小さいころ友達とどちらが長く回るか競いあったことを思いだした。

子どもたちは家畜の世話や野良仕事もよく手伝う。隣接する畑では母親と一緒に草取りに精を出していた。

西盟の町に出て商売するワ族（左）と民族衣装を着たラフ族。町ではミャンマー人もちらほら見かける。

茅葺きの高床式住居は、竹を主な材料とし、戸口に露台が設けてある。一方、土間式はお碗をかぶせたような屋根だ。中を窺っていると、婦人と子どもが顔を出したので、お邪魔させてもらった。

ご主人は囲炉裏端で休んでいて、飲めと言って、白濁した液の入った竹筒を差しだした。飲んでみると酸っぱい味がする。「水酒」だという。米を煮て麹を混ぜ発酵させたもので、しばらく置いてから水を足すとできあがる。アルコール度が弱いのでいくら飲んでも泥酔することはない。

勧められるまま飲んでいると、竹筒の中はからっぽになってしまった。まずいと思い、ないと知りつつもどこかで酒を売っているところでもあればと聞いたが、笑って何も答えない。お金を払うのは失礼なので、子どもにボールペンを渡して、ほろ酔い気分で帰路についたのだった。

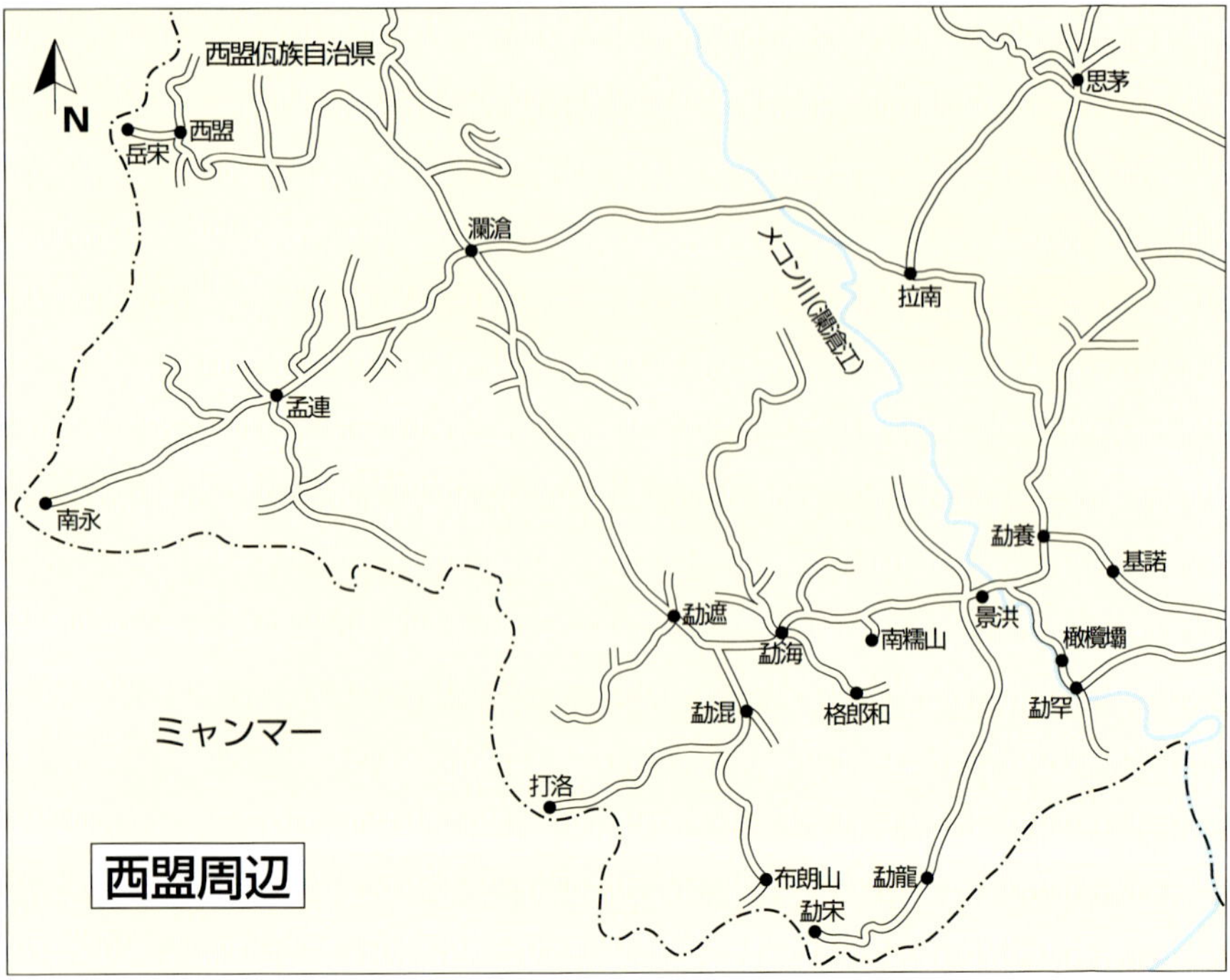

西盟周辺

■西盟へのアクセス

景洪から直通バスはないので瀾滄で乗り換える。

景洪——瀾滄　6：30〜10：30　30分間隔

11：30〜15：30　1時間間隔

瀾滄——西盟　頻繁に出ている

●ホテル事情

西盟　バスターミナルに付随した交通飯店　30元から

ワ（佤）族

ワ族は雲南省からミャンマーにかけて住む。中国側の人口は約三五万二〇〇〇人で、主に西盟ワ族自治県とその北の滄源県に集中している。

ワ族の中でも古い習慣を守り、アニミズムを信仰する集団と、タイ族の影響で上座仏教を信じる集団がいる。西盟地区の山地に住む人々は、もっとも古い風俗を保っていて、かつて播種の前に首狩りを行なっていた。現在は首狩りのかわりに牛を屠って神に捧げる。このとき用いるのが「木鼓」である。木鼓は直径六〇センチぐらい、長さ一メートルぐらいの大きさで、複雑なリズムで討ち鳴らしながら豊作を祈願する。

西盟地区では焼畑耕作で陸稲やトウモロコシなどを作り、タイ族地区の人々は水稲耕作が中心である。

金平《ジンピン》

山々に囲まれたベトナムとの国境に近い金平。棚田に耕した山の斜面が美しい。

6日に1度開催される青空市に駆けつけたヤオ族。頭飾りの特徴から紅頭ヤオと呼ばれる。

坂の町はロマンチックだが、住むとなるときつい。ベトナムとの国境に近い山岳地帯に位置する金平（ジンピン）もそのような町だ（地図070ページ）。正式名は金平ミャオ族ヤオ族タイ族自治県といい、少数民族の混住する地域だ。

町の東側に金平河が流れている。対岸には見事な棚田が展開し、麓にハニ族の集落が見え隠れする。棚田といえば雲南では元陽が有名だが、金平やそのまわりもかなりの規模で山が耕され、壮大な眺めである。

六日に一度のマーケットの日、金平は早朝からたいへんな賑わいだった。坂道に麺類などの食物屋をはじめ、肉や野菜の露店がずらりと並び、周りを人が埋めつくしている。

ヤオ族は藍染めの布、ハニ族は染料となる鉱石、ミャオ族、イ族は薪を売っていた。

服装がひときわ目立つのはヤオ族

青空市にはハニ族も多くいる。西双版納のアイニ族とは服装が違うが、文献上は同じ民族。

だ。襟元に刺繍と赤い小さなボンボンをつけた、藍染めの服装をした女性たちが、これまた赤い三角錐の布を剃りあげた頭にちょこんと乗せているのだ。年配の女性がそうした姿でいると、若々しく、愛らしくさえ感じる。多くの支系を持つヤオ族で、紅頭ヤオと呼ばれる人たちだ。

ヤオ族は広西チワン族自治区にもっとも多く住んでいる。雲南省ではベトナムとの国境沿いに分布し、紅頭ヤオは金平周辺にしか住んでいない。名の由来は頭飾りから来ている。

しかし、紅頭ヤオがみんなこのような頭飾りをつけているわけでもない。若い娘は藍染めの布をターバンのように巻いている。どうしてこのような服装になったかわからないが、山岳民族であるヤオ族は移動を繰り返すうちに、いろいろな要素を取り入れるようになり、いつの間にか今の姿になったのであろう。

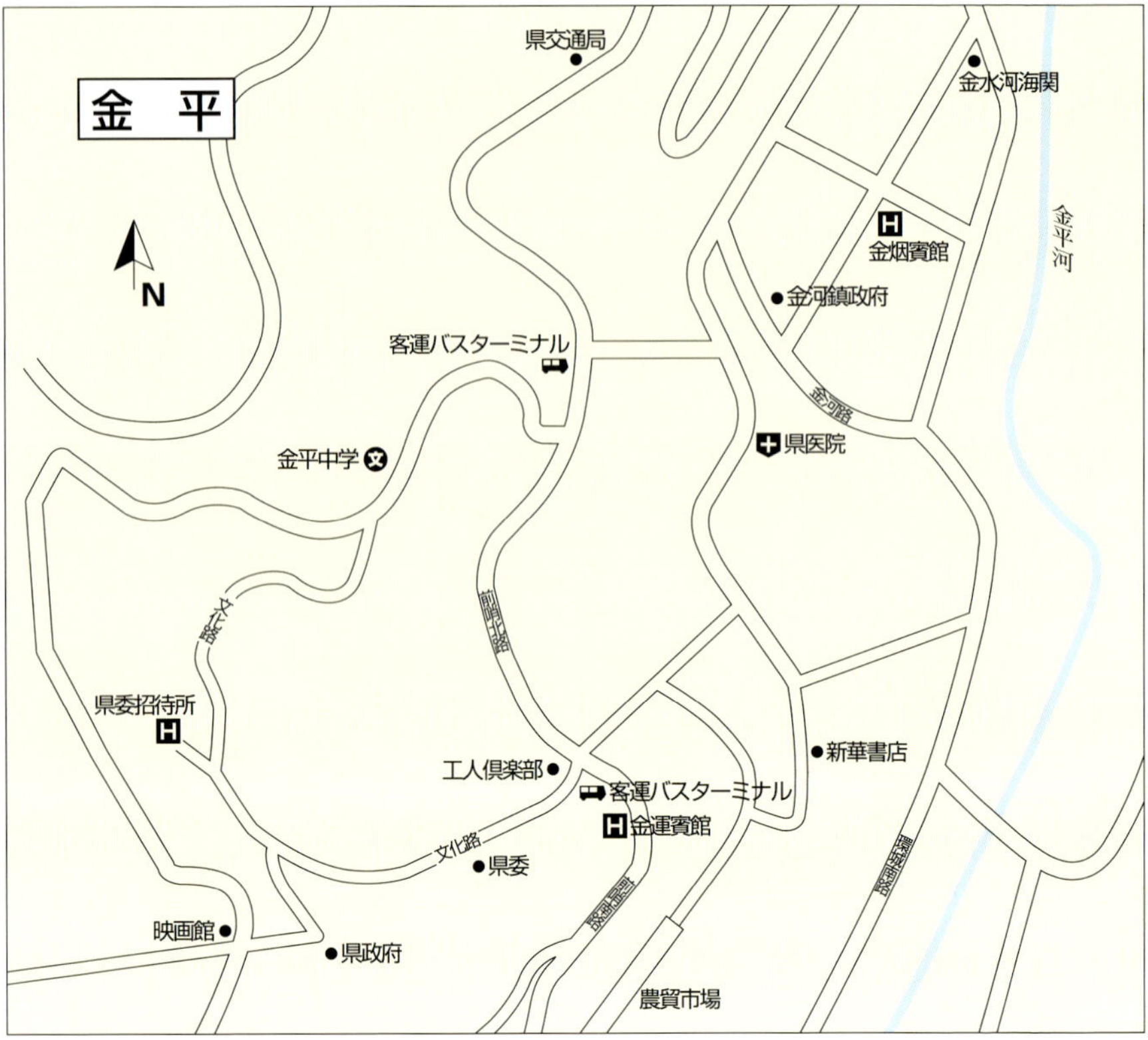

バス　金平客運バスターミナル

金平――昆明　19：00
金平――河口　9：40
金平――開遠　6：30
金平――建水　7：10

ホテル事情

金運賓館　ツイン60元から

ヤオ（瑶）族

槃瓠《ばんこ》という犬を祖先とするヤオ族は人口約二一三万五〇〇〇人。広西チワン族自治区にもっとも多く居住し、他に湖南省、雲南省、広東省、貴州省などに分布している。居住地域や服装、伝説、信仰などにより盤ヤオ、茶山ヤオ、花藍ヤオ、紅頭ヤオなど多くの呼び名がある。

槃瓠とは王が飼っていた犬で、王のために戦い、勲功をたて褒美に王の娘と結婚し、産まれた子供がヤオ族の祖先ということになっている。

山岳地帯に住んで、焼畑を主とし、林業、狩猟なども行なっている。しかし、近年は漢族、チワン族などの影響を受け、棚田を作って稲作などをするようにもなった。

宗教はアニミズムだが、漢族、チワン族の影響を受け、道教、仏教も信仰している。

文山《ウェンシャン》

昔の面影が残る鐘秀街。駄菓子屋は子どもたちに人気。奥は食堂街になっている。

墓地に向かう葬儀の列。土葬が一般的で、畑などの一画が墓地になっていることが多い。

雲南省の東南部に位置する文山チワン族ミャオ族自治州は、ベトナムと国境を接し、州都は文山（ウェンシャン）（地図074ページ）。正式には開化鎮という。漢族を中心に周辺にチワン族、ミャオ族、イ族などが住んでいる。「三七」という、胃痛、胃痙攣に効果があるといわれる漢方の薬剤生産地として有名なところで、「三七市場」も独自にある。

文山は街の背後に小高い山があり、街中にはうねるように川が流れている。橋が多く、情緒あふれる街である。

街外れの山の中腹には西華公園があり、三元洞を中心に三つの洞窟が並んでいる。この公園の特徴は、龍がいたるところにモチーフとして飾られていることだろう。

文山賓館のすぐそばに、昔ながらの面影を残す路地がある。鐘秀街という。この路地は夕方になると大勢

わずかな平地を耕すチワン族。街の郊外、山岳地帯にチワン族はミャオ族と隣合わせのように住んでいる。

の人で賑わう。路地の奥には駄菓子屋があり、学校帰りの小学生たちが目の色変えて眺めているのを見ると、つい昔を懐かしんでしまう。

街の郊外に行ってみた。道が急激に悪くなり、加えて一気に坂道を登るので予想以上に疲れる。途中、花輪を先頭に、楽器を奏でながら歩いている賑やかな一団と出会った。葬式の行列だった。この先に墓地があり、埋葬に行くのであろう。日本の葬儀とあまりの違いに驚く。

さらに進むと道が粘土質に変わった。しかも昨夜の雨で道がぬかるんでいるので、足を運ぶごとに滑る。チワン族の夫婦が牛を使って耕作していた。前方から女性が馬車を引いてきた。避けようとした拍子に足を滑られ尻餅をついてしまった。靴も衣服もどろどろだ。チワン族は、笑いながら大丈夫かという仕種をする。私は笑ってごまかすしかなかった。

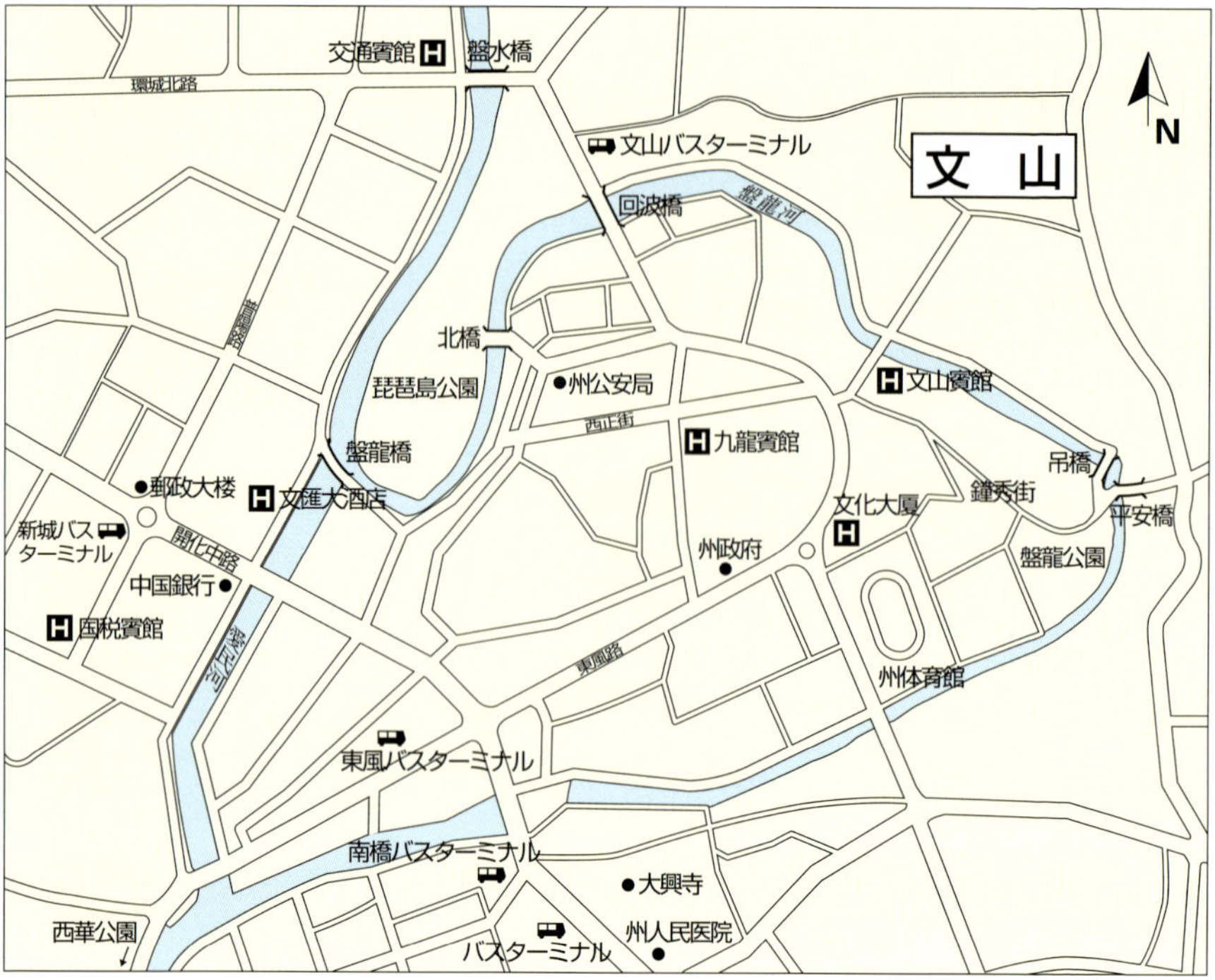

バス　文山客運バスターミナル

文山——昆明	6：30～21：50	18便
文山——南寧	8：00　9：00　11：00　12：00　13：00　16：00　19：00	
文山——河口	6：10～11：40	13便
文山——開遠	8：00～15：40	12便
文山——蒙自	6：10～17：40	10分～20分間隔
文山——富寧	6：10～21：00	22便

●ホテル事情

文山賓館　ツイン60元から

交通賓館　ツイン80元から

チワン（壮）族

チワン族は人口約一五五〇万人。少数民族では一番多く、広西チワン族自治区を中心に雲南、広東、貴州、湖南などに住む。歴史的には秦、漢時代の南方の「百越」と総称される集団に属し、この中の「西甌」「駱越」などがチワン族の前身とされる。

古くから稲作を営んでおり、栽培技術にも優れている。また、田植えを能率的に行なうため工夫を凝らした田植え機を考案するなど、進歩的な民族である。手工業も盛んで、雲南に居住するチワン族は鍛冶屋、銀細工師、木工などの技術水準が高い。特に紡織工芸の「壮錦」は木綿糸と五色の絹糸で織られ、華麗な色彩で知られる。

宗教的には祖先崇拝と自然崇拝を基礎にしながらも、仏教と道教も同時に信仰している。

貴州《グイジョウ》

山また山がつづく貴州省。

貴陽《グイヤン》

山あいに住むミャオ族は少数民族のなかでも特に伝統的な風習を色濃く残しており、他の少数民族に与える影響も大きい。貴州省平永郊外の上苗勒。

ミャオ（苗）族の歴史と貴陽（グイヤン）

山間部に一〇〇戸前後の集落をつくり、日々の生活を送っているミャオ族は、自称モンあるいはムン（人または人間を意味する）という。

ミャオ族の歴史は、さかのぼれば、中国最古の経典『書経』の「舜典」に〈三苗〉の名称ですでに紹介されている。〈三苗〉の住むところは長江（揚子江）の南端、湖南省は洞庭湖周辺だとされているが、〈三苗〉とミャオ族の関係については、いまだ明らかにされておらず、殷・周時代の髳人《ぼう》だとする説もあり、定説はない。が、後漢にはミャオ族の祖先が五渓（湖南省の西、貴州省の東）に住みついており、のちの書では、この地域に住む少数民族をミャオ族も含めて「五渓蛮」もしくは「武陵蛮」と呼んでいたとあり、長江周辺をミャオ族発祥の地と考えてもまちがいなさそうに思われる。

数千年もの歴史を有するミャオ族は、その後、焼畑にともなう移動を繰り返すが、何よりも漢族の度重なる圧迫により、やむなく南へ南へと下ることになる。現在は貴州、雲南、湖南などに住みつき、一部はベトナム、ラオス、タイといった他国にまで移動していった。

ミャオ族は、明代には武力で制圧しようとする明朝と何度も戦った。明朝は漢族に服従した一部のミャオ族を海南島に送り、島の原住民であるリー族制圧にあてたという。

清代になると、漢族のミャオ族に対する弾圧はますます厳しくなり、ミャオ族は後顧の憂いをなくすため、自ら妻を殺し、戦いに挑んだといわれる。特に張秀眉の蜂起は有名で、彼の戦闘をたたえる民謡や伝説も残っている。

しかし、抵抗の結果はむなしかった。さらに、彼らは漢族からだけではなく、他の（少数）民族からも迫害を受けてきた。多くの民族が一ヵ所に住む場合、多数を占める民族は権力も強く、立地のよいところで生活するが、弱小になればなるほど、奥地へ奥地へ、山の上へ上へと追い込まれる。ミャオ族は、山の中腹にへばりつくように集落をつくり、不便を余儀なくされながらも懸命に生きてきた。かつては民族間の抗争も頻繁に起こっており、中腹に集落を建てるのは、戦いのためでもあったのだ。

現在ミャオ族が多く住む貴州は「天に三日の晴れ間なし、地に三里の平地なし」といわれ、その省都が貴陽だ（地図０８０ページ）。お酒好きの人には「茅台酒」としても有名だが、中国でもっとも開発の遅れたところといわれる。雨が多く、土地の

街を東西に流れる南明河の川岸に佇む、明代に建てられた三層の甲秀楼。

人は雨さえ降らなければいい天気だと言うとか。貴陽とは言い得て妙だ。

貴陽の見どころといえば、街のほぼ中心、南明河の岸辺に建つ甲秀楼だ。明代に建てられた三層の楼閣に昇れば市内が見渡せる。

私が訪れたときは天気もよく、毛沢東像が立つ人民広場は凧上げをしている人たちで賑わっていた。凧は五〇センチぐらいから二メートルほどの大きさまでさまざまで、障害物がないのでかなり上空まで上げることができ、見ていて気持ちがいい。街外れの黔霊公園や郊外の花渓公園などは、自然が残っているのでのんびりできる。

貴州省にはミャオ族をはじめプイ族、トン族、イ族などが住み、開発が遅れているだけに、昔のままの文化が残っているところも多く、雲南省とはまた違った世界を垣間見ることができる。

近代化された貴陽の街。円形の建物の中は衣類を中心にしたお店。歩道橋でもある。

飛行機

貴陽——北京　毎日
貴陽——上海　毎日
貴陽——広州　毎日
貴陽——昆明　毎日
貴陽——成都　毎日

鉄道

貴陽——安順　快速で約２時間
貴陽——凱里　快速で約４時間
貴陽——昆明　快速で約13時間
貴陽——成都　快速で約18時間
貴陽——上海　快速で約33時間
貴陽——北京　特快で約32時間

バス　体育館長距離バスターミナル

貴陽——安順　　７：05～19：30　20分間隔
貴陽——凱里　　７：20～20：50　20分間隔
貴陽——黄果樹　７：40～10：40　人数が集まりしだい出発

石頭寨は黄果樹から歩いて１時間ぐらい。黄果樹やプイ族の集落などを回るツアーもある。

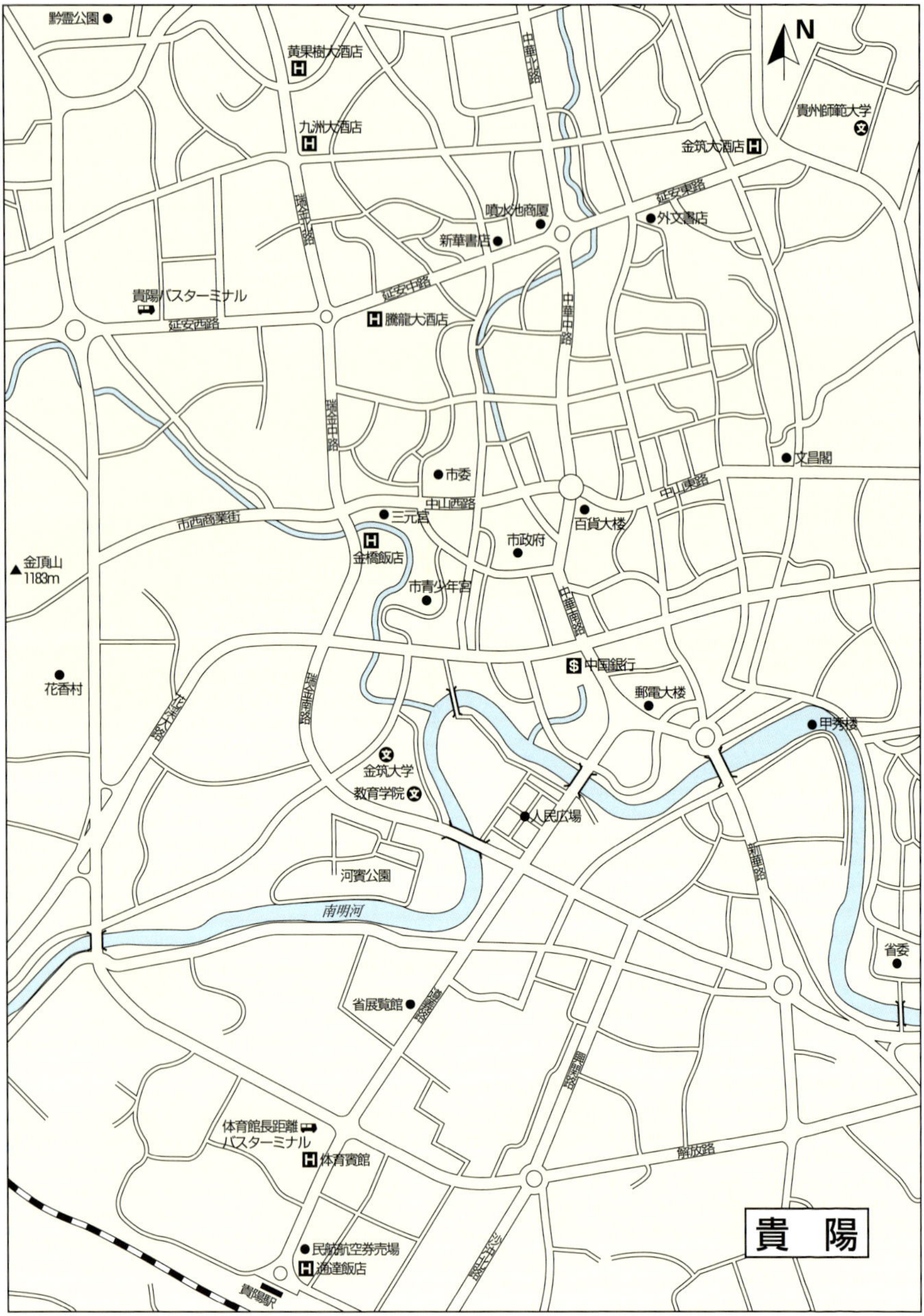

ホテル事情

体育賓館　ツイン138元から

金橋飯店　ツイン248元から

安順《アンシュン》

文廟の入り口の柱に彫られた見事な龍のレリーフ。

街のほぼ中央に聳える西秀山からの眺め。

黄果樹瀑布への玄関口として知られる安順（アンシュン）は、貴州省の中西部に位置し、人口約七〇万人（地図086ページ）。ミャオ族やプイ族が民族衣装で街を歩いている。

街の中央に西秀山という小高い山がある。頂上に塔が建ち、人影も見えるので私も登ろうとしたが、登り口が見つからない。近くの人に聞くと、人民政府の中庭だという。中に入っていくと、子どもたちが数人、建物の裏側の斜面をよじ登っているではないか。正規の登り口がないのだ。しかし、苦労して登っただけあり、頂上からの眺めは素晴らしかった。デートコースにもなっているようでカップルも何組か見かけた。

街中の臘染芸術博物館内には、明代に創建された文廟がある。多くの建物で構成された文廟の特徴は、いろいろなところにレリーフが刻み込まれていることだろう。

アジア最大規模を誇る黄果樹瀑布。近くで見ていると地響きが伝わってくる。

黄果樹（ホアングオシュ）瀑布

黄果樹は貴州省の南西部に位置し、瀑布（滝）の落差は約七四メートル、幅は八一メートルもあり、アジア最大級を誇る。安順から五〇キロちょっとの地点である。

滝を見下ろすようにできた広場に行くと、さすがにこの地方随一の観光地、観光バスが何台も停まっており、中国人観光客が大勢いた。

滝壺まで階段が続いていたので下りてみた。舞い上がる水飛沫が霧となってあたりいったいを覆い、衣服がじっとりしてくる。滝の壮大さとは裏腹に不快感がつのる。

黄果樹では、天星橋風景区にも寄りたい。ここは天星洞景区、天星盆景区、水上石林区などが点在しており、川沿いに吊り橋を渡ったり、岩場を歩いたりしながら、奇岩を楽しむことができる。

プイ族の住む石頭寨はこの道の突き当たりにある。名前のごとく石造りの家屋が建ち並ぶ。

プイ族の集落、石頭寨（シートウツァイ）

黄果樹の郊外にプイ族の集落がある。一日、彼らの村を訪ねた。ロウケツ染めで有名な民族である。

田圃の中の曲がりくねった道を歩いていると、前方に小高い丘が見え、麓から斜面にかけて、へばりつくように家屋が密集していた。

子どもたちが数人歩いてくる。カメラを向けると、地面にうつぶせになって撮られまいと必死になる子やポーズをとる子、いろいろだ。

石頭寨という坂に沿った石造りの集落を歩いていると、年配の女性がどこから来たと聞いてきた。日本と答えると、家に寄っていかないかと誘われた。

入ってすぐの土間で椅子をすすめられ、お茶を出してくれた。なんと親切な、と思っていたら、奥から荷

民族衣装やロウケツ染めを買わんかねと寄ってきたプイ族の女性。

物をひとかかえ持ってきて「民族衣装はいらんか。ロウケツ染めはどうだ」。なんのことはない。土産物の押し売りだったのだ。

だが、そもそもこの村に来た私の目的も、ロウケツ染めを見ることだった。では、ということで見せてもらうことになった。藍染めに図案を施した布は、ハンカチ大からテーブルクロスぐらいまで数種類あり、絵柄も天地創造を連想させるものから、動物、人、鵜飼いの絵と、なかなかいい。最初は買うつもりはなかったが、結局、男女が描かれたものと鵜飼いの壁掛けを一枚ずつ買った。

実際の作業も村をぶらついているあいだに見ることができた。女性が軒下や土間で、白い布に、樹脂と蝋を混ぜた液で模様を描いていたのだ。そのあと布全体を染め、最後に熱湯で蝋などを洗い落とすと完成なのだという。

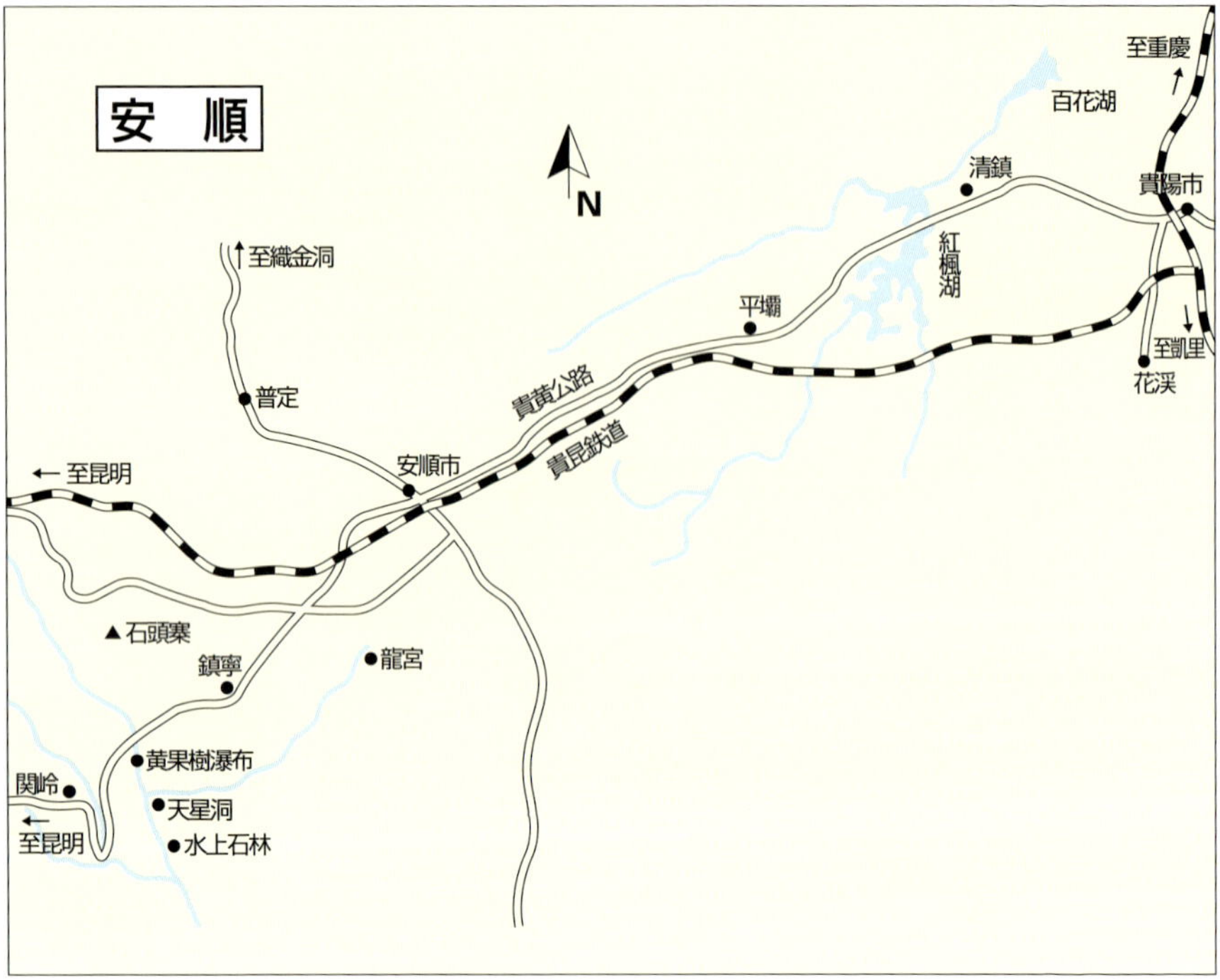

鉄道

安順――貴陽　快速で約２時間　　安順――昆明　快速で約11時間

安順――凱里　特快で約５時間30分　　安順――重慶　快速で約12時間30分

安順――北京　特快で約33時間30分　　安順――上海　快速で約44時間

バス　長距離バスターミナル

安順――貴陽　6：50～19：10　20分間隔

安順――黄果樹　7：00～17：30　　安順――昆明　13：00

●ホテル事情

安順　貴州職工之家　ツイン100元から

黄果樹　黄果樹賓館　ツイン380元から

プイ（布依）族

チワン族の一部が川沿いに貴州省に入ったのがプイ族といわれる。人口約二五四万五〇〇〇人。主な居住地は貴州省西南部と雲南省東南部だ。

民族衣装は、チワン族が黒を基調にするのに対し、プイ族は黒地に藍白の格子状のターバンを巻いているのが特徴だ。ターバンによってチワン族との違いを表現している。

彼らは紅水河沿いの平野部で水稲耕作を営み、モチゴメを栽培している。モチゴメはプイ族の正月に欠かせないもので、チマキなども作る。

ロウケツ染めにたけた民族でもあり、村を歩いていると、軒下で作業に勤しむ女性の姿を見かける。また、男性は相撲好きである。相撲といっても頭と頭を突き合わせるもので、闘牛を想像すればいいだろう。

凱里《カイリ》

凱里郊外の龍場であった亻革家《かくか》人の女性。頭飾りが特徴的だ。

近代的な街に変貌した凱里。少数民族の村への玄関口である。

貴陽から東約一九〇キロに位置する凱里（カイリ）は、黔東南ミャオ族トン族自治州の州都である（地図090ページ）。この街の周辺にミャオ族はじめ、トン族、ヤオ族、チワン族、スイ族などが住んでいる。以前は長距離バスに揺られ貴陽から八時間かかったが、今では高速道路で結ばれているので二時間半で着く。

凱里で中国人の知人とレストランで鍋料理を囲んだ。何の肉かわかるかと聞かれたので匂いをかいでみると、若干ヒツジ臭いような気がした。しかし、食べるとヒツジの味ではない。首をかしげていると、含み笑いを浮かべ、狗《いぬ》肉だと言うではないか。途端に箸が動かなくなった。

一般に狗肉はアカ犬が上とされ、鍋料理が定番のようだ。おいしく食べるには、あらかじめ肉を炒めておくのだという。そして野菜をはじめ様々の具が煮えたころ、炒めた肉を

路地で目にした狗肉専門店。日本では馴染みが薄いが、当地では冬になるとかなり食べられている。

入れ、唐辛子で食べるのがベストだとか。

街を歩いていると、食堂街になっている通りに出た。どの店も似た作りで、表に面してカマドを設え、奥にテーブルが二つ三つ並べられている。この食堂街が狗肉を売り物にしていたのである。首を落とされた犬が皮を剝がされ、通りにお尻を向けている。店の中を覗くと数人でテーブルを囲み、中央には例の鍋…。

この料理、広大な中国では必ずしも全土で食べられているわけではない。広東省をはじめ、南部中国と東北地方が主たる地域で、特に北朝鮮との国境に住む朝鮮族は、冬になると一週間に一度は食べるらしい。体が温まるのだという。

街中で犬を見るたびに彼らの将来を憂いてしまう。もっとも、狂暴な犬と出くわすと、食ってしまうぞと勝手なことを考えるのだが…。

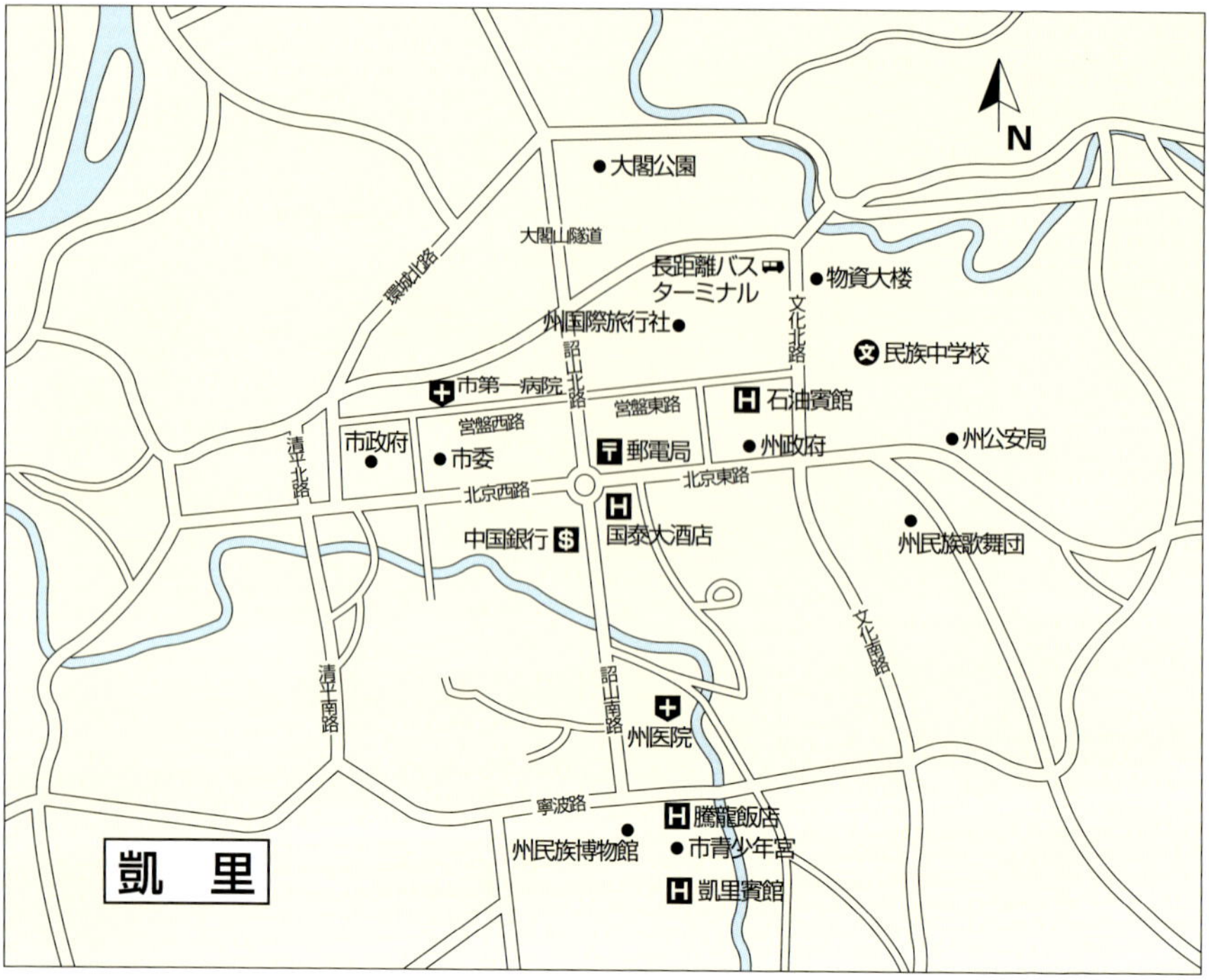

鉄道

凱里——貴陽　快速で約４時間
凱里——昆明　快速で約16時間
凱里——成都　快速で約20時間
凱里——安順　快速で約５時間
凱里——北京　特快で約28時間30分
凱里——上海　快速で約27時間30分
凱里——広州　快速で約21時間

バス　長距離バスターミナル

凱里——貴陽　６：00～18：40　30分間隔
凱里——台江　８：20～19：00　40分間隔
反排へは台江から南宮行きにバスで途中下車
凱里——施洞　７：30　８：00　10：00　10：50
12：50　13：50　14：50　15：50
凱里——黎平　７：00　８：30　９：30　12：00　14：00
凱里——西江　12：00　14：00
凱里——雷山　７：00～18：30　30分間隔
朗徳上寨、新光村、朗利は交通の便が悪いので車を雇ったほうが無難。

●ホテル事情

国泰大酒店　ツイン150元から
凱里賓館　ツイン130元から
石油賓館　ツイン68元から

ステキなイヤリングをつけたミャオ族の女性。イヤリングの重さで耳たぶの穴が大きくなっていた。

ミャオ族の集落、反排（ハンパイ）

貴州省東部、台江の南に反排というミャオ族の集落がある。途中の渓谷に沿った道の両側には、深い谷から山の頂まで見事に耕された棚田が展開されていた。「耕して天に至る」という言葉をそのまま絵にしたような光景だ。

辿りついた村は、斜面にへばりつくように五〇〜六〇軒が軒を連ねていた。集落の裏手も棚田になっていて、若い娘たちが堆肥を担いで村と山の上を何度も往復している。彼女たちのあとをついて山の上に登ってみた。頂上に立つと、天水を利用した棚田が遥かかなたまで続いている。

ミャオ族は斜面を耕し、一つひとつ田圃を作っていく。それは感動的な光景だが、同時に生きることの厳しさも教えてくれるのだった。

農作業の合間に子どもをあやすミャオ族のお母さん。まわりはすべて棚田になっている。

板壁にかけられた蘆笙のパーツ。

蘆笙の村、新光《シングォン》

新光は蘆笙の村として知られている（地図106ページ）。蘆笙とはミャオ族やトン族、プイ族などが使用する楽器で、五〇センチぐらいから大きいのでは三メートルほどもあり、おもに祭りなどで使用するが、バグパイプではないかと思わせるような音色を発する。

新光は凱里の南、舟渓から畔道を歩いて三〇分ぐらいのところにある人口六〇〇人ほどの村だ。この村の住民の多くが蘆笙づくりに携わっている。もちろんそれが主産業というわけではない。普段は稲作を中心に野菜などを栽培していて、農閑期の合間に蘆笙をつくるのである。

私の訪れた家は、家屋の一室を作業場にし、奥に何本もの竹が立て掛けられ、数種の工具、それに焼きを入れるための、ふいごと一体になっ

蘆笙を作るための技術は親から子へと伝えられる。

たカマドがあった。

蘆笙の素材は竹とスギである。二～三年乾燥させた六本のおのおの長さの違う竹を、五～六年乾燥させて中央を刳りぬいた細長いスギの木に取り付ける。竹に開けた穴を指で押さえながら、スギ材のほうから息を吹き込み、音を出す。竹には、銅片に焼きを入れ、切り込みの入ったリードが取り付けられており、このリードの作り方で音色がまったく違ってくる。当然のことながら、穴の押さえ方、蘆笙本体の大きさによっても音色が違う。

ミャオ族の世界では、女性は刺繍ができなければ一人前とみなされないのと同様に、男性は蘆笙が吹けて、はじめて一人前とみなされる。だから、どの男性もとても器用に蘆笙をあやつる。蘆笙は、ミャオ族のアイデンティティを如実に表現できる、心の支えなのである。

銅片に焼きを入れリードを作る。腕の見せ所だ。

一列になって川を渡るミャオ族。この近くには橋が架かっていないので、深いところでは渡し舟を利用する。

鼓社節の村、朗利（ランリ）

凱里郊外の朗利は、道から斜面に沿って、へばりつくように家屋が建ち並んでいる。家はミャオ族独特の高床式の「吊脚楼」である。吊脚楼とはトン族の特徴でもあるが、二階三階を形づくっている柱が地面までのびておらず、途中で切れているのである。出窓を思い浮かべればいいかも知れない。そうした軒下には薪が積んであったり、農機具が置かれていたりする。

この村は、一三年に一度といわれるミャオ族最大の祭典「鼓社節」で知られる。鼓社節は祖先を供養する祭りで、三日間ずつ三年行なわれる。最終年が最大規模で、生贄として総数四〇〇頭のブタを殺すのである。他にもミャオ族は多くの祭りを行ない、祭りとともに生きる民族だといっても過言ではない。

水汲みに精を出すミャオ族の女性たち。朗利は川の近くなので比較的恵まれている。

川原で野菜やカゴを洗うミャオ族。

ミャオ族の集落、朗徳上寨（ランドゥシャンツァイ）

凱里の南に位置する雷山県は、朗徳上寨や西江など、多くのミャオ族の自然村が密集した地域で、集落は中央に広場があるのが特徴だ（地図106ページ）。

ミャオ族は酒と歌で来客を迎えるしきたりがある。私が朗徳上寨を訪れ、一軒の家に立ち寄ったときには、奥さんが瓶と茶碗を持って現れ、いきなり即興の歌を歌ったかと思うと、瓶に入っている酒を茶碗になみなみとついで、目の前に差し出した。飲み干さないと家の中に入れないのだ。しかし、五〇度もある酒は、いとも簡単に私を白昼夢へと誘い、何のために村を訪れたのかもわからなくなってしまった。だがこうした経験を通してミャオ族の人たちとより親密になれたような気がした。

村に入るための門（上）があり、部外者が訪問すると、儀式としてこの門のところでお酒を飲まされる。村の中ほどには広場があり、祭りなどのとき利用する。

姉妹飯の日、正装したミャオ族の娘。高価な銀飾りは１度に全部揃えるのではなく徐々に買い足していく。

姉妹飯（シーメイハン）

凱里の北東、台江県施洞の「姉妹飯」と呼ばれる祭りは、毎年農（旧）暦三月一五日から三日間行なわれる、女性を中心とした「恋人探し」の祭りである（地図１０６ページ）。

文献には、この祭りについて次のように記されている。

「昔、あるミャオ族の山村に八〇人の娘がいた。器量のいい娘ばかりだったが、多くが配偶者を得ることができなかった。山村の長老たちが相談した結果、旧暦の三月一五日に娘たちにご馳走を準備させ、隣村の若者たちを宴会に招くことに決めた。当日、娘たちは事前に定められたとおりにやってきた若者たちを熱心にもてなした。みんなはご馳走を食べながら語り合い、それぞれこれはと思う理想の伴侶を選ぶことができた。こうした習わしは今日に至るまで受け継がれ、姉妹飯と呼ばれる祭りになった」

ミャオ族は同族間での結婚が禁止されていることから、このような祭りが始まったようだ。

祭りの前日。どの家庭もさぞかし準備で忙しかろうと思っていたが、のんびりしたものだ。週一回川原で行なわれるマーケットのほうがたいへんな賑わいである。マーケットは生きるために必要不可欠のもの、祭りがあってもなくても、欠かすことのできない営みの場なのだ。

三日間の祭りの初日。銀飾りを全身に纏い、シャンシャンシャンと銀と銀の擦れ合う音色を響かせながら、歳のころ一六、七の娘さんたちが、誇らしげに歩いてくる。しかし、ここまで実に長かった。朝から待ち続け、くたびれはてた夕方六時ごろ、やっと祭りが始まったのである。その間はただ待つばかり、村も会場となる川原も普段とまったく変わりがない。祭りが延期されたのではと思ったほどである。

川原に来るまでに着くずれした娘も多く、付き添いのお母さんらしい女性が丹念に直している。

銀飾りの放つ光はなにかあやしげで、色鮮やかな緑と見事なコントラストをなし、華麗だ。この銀飾りは母から娘へと受け継がれ、嫁入りのときにも付けていくのである。

川原の中央に置かれた太鼓がリズミカルに打ち鳴らされる。太鼓のリズムに合わせ、左回りに円を描くように踊りが始まった。だが、総重量一五キロはあるという銀飾りは娘たちにはあまりに重く、申し訳程度に腕を動かしているだけだ。だから、実際にはただ円を描いているだけに過ぎないが、何十人ものそうした振る舞いは、実にしとやかである。

踊りの輪を取り囲むように、男た

勢揃いしたミャオ族の娘たち。頭飾りは鳳凰を表している。地方により水牛の角を表現したものもある。

ちが大勢集まり、じいっと娘たちを見詰めている。ときどき隣の人と話をしているのは、この娘がいいとか、いやあの娘だとか言っているのだろうか。

踊りが始まってしばらくすると、広場の隅で闘牛が始まった。二頭での角突き合いだ。水牛なので迫力がある。しかし、暗くなっていたので危険だということなのだろう、すぐに終わってしまった。

それにしても見事な民族衣装である。冠は鳳凰をかたどったもの、龍をデザインしたもの、少しずつ違う意匠が鮮やかだ。それが夕日に照らされ鈍く光る。乙女たちが動くたびにシャンシャンと心地よい響きが伝わり、その音色を聞いているだけでも気持ちいい。果たして今年は何組のカップルができたことであろうか。

シャンシャンシャンと銀と銀の擦れ合う音が遠くまで木霊し、まさに幽玄の世界へと誘う。

「姉妹飯」の祭りでは闘牛も行なわれる。

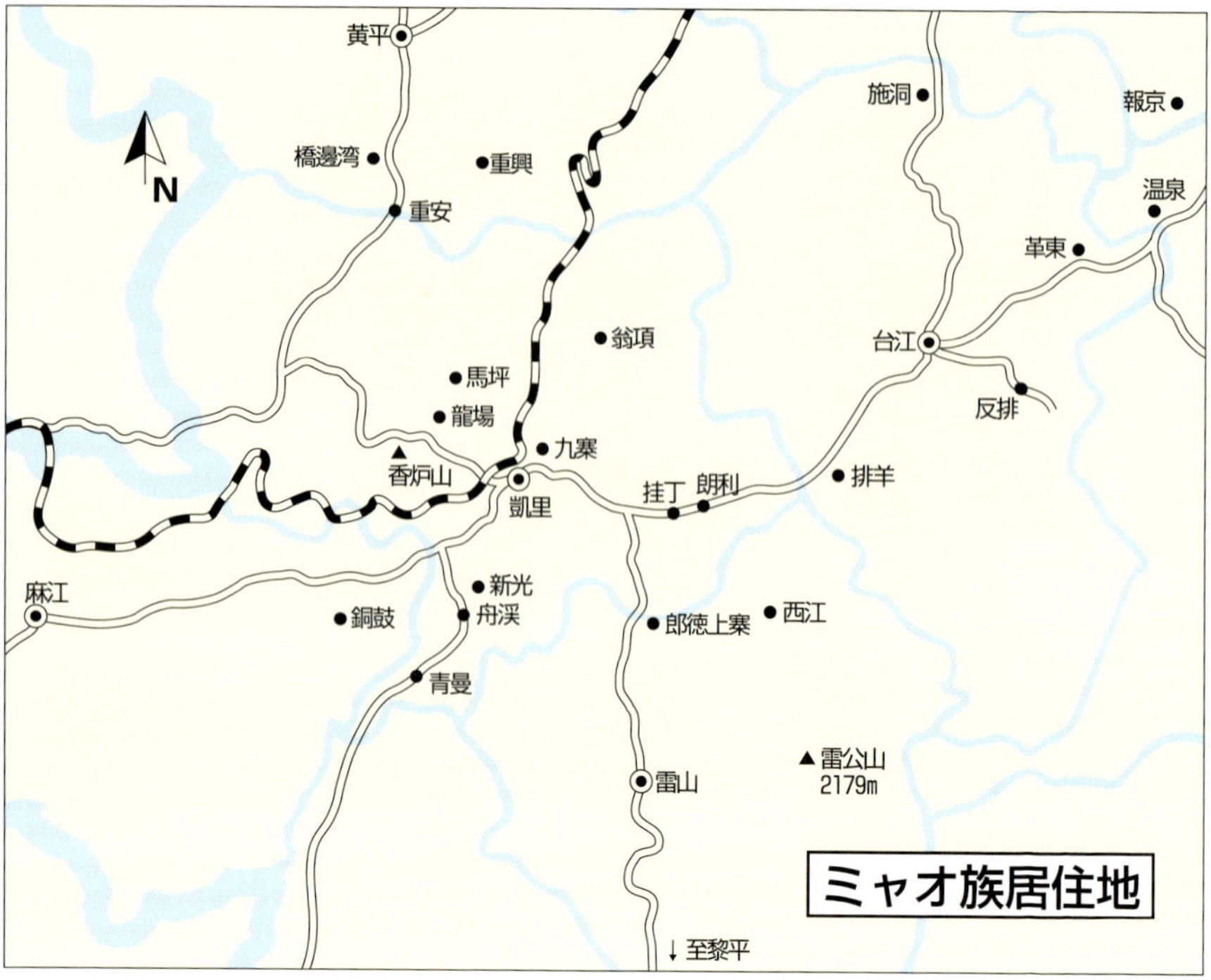

●ホテル事情

施洞に安宿があり30元前後で泊まれる

反排は宿がないので台江から日帰りがベスト

台江には30元前後の宿がある

ミャオ（苗）族

山間部にそれぞれ一〇〇戸前後の集落をつくっているミャオ族は人口約七四〇万。このうち半数以上が貴州省に住み、他に雲南、四川、湖南、広西などに居住する。タイ国ではモン（Hmong）族と呼ばれている。花ミャオ、紅ミャオ、白ミャオ、青ミャオ、黒ミャオの五つに大別される。

祭りが多いことでも知られ、姉妹飯、鼓社節のほかに龍船節、苗年（正月）、吃新節（初穂祭り）、爬坡節（歌垣）などが行なわれる。

かつては移動しながら焼畑農業を行なっていたが、現在では多くが定住し、山を切り開いて、棚田で水稲耕作、段々畑で陸稲やトウモロコシなどを作っている。

宗教はアニミズムで、山、大木、石など、自然界のものに神霊が宿ると考えている。

肇興《サオシン》

鼓楼は７層前後のものが多いが、私が見たなかでもっとも見事な13層の鼓楼。

幾重にも連なった山々の奥深くを、土煙を舞い上げながらバスは、昇っては下り、下っては昇る。乗客はほとんどがトン族。途中から何人も乗り込んでくる。ドアのまわりがいっぱいと知ると、迷わずみんな窓から乗り降りする。

私はいま、貴州省の東南部、従江からバスを乗り継いで、「鼓楼」で名が知られる肇興（サオシン）に向かう途中だ（地図114ページ）。

三時間ほど過ぎたころ、下車する人が多くなり、どうにか体を動かせる姿勢がとれるようになった。外を見る余裕も生まれた。それからしばらくして前方にひっそりと佇むように集落が見えた。一つ、二つ、三つと、鼓楼が目に留まる。バスは緩やかに下り、集落を突き抜けるように進んで中ほどで停まった。小川のそばに建つ鼓楼を数えるとさらに二つ、計五つがひときわ高く天に向かって聳えていた。

戸数にして約六五〇戸、三〇〇〇人ほどのトン族が住むこの村の宿に荷物を置くと、すぐに飛び出して鼓楼の前に立った。一層、二層、三層……九、一〇……。数えあげていくと一三層ある。土台が四角、屋根の部分は八角形にできている。徐々にそれは細くなり、頂点だけ一段離して塔が載っている。

鼓楼は太鼓を吊るしていたことからそう呼ばれ、異変や重要な協議があったとき、太鼓を鳴らして村人を召集したのだという。今は寄り合いの場として使用されているようだ。スギ材を用い、釘を一本も使わず、ホゾだけで組み合わせて作られているのが特徴だ。

トン族は一族ごとに鼓楼を持つ。したがって肇興は五つの支系からなっていることになる。仁、義、礼、智、信のそれである。小川にはそれぞれ七、八メートルの風雨橋（ここでは花橋のほうが通りがいい）も鼓楼に添うように架けられている。

鼓楼の正面に龍の像が備えつけられていた。龍は水を司る神として崇められている。農耕民族のトン族にとって、生活と密接な関係の神といえる。また屋根の庇には、ペンキで人物とか動物が描かれており、見ていて飽きない。意外と新しいので、いつごろ建てたのか聞くと、文化大革命で破壊されたため、今あるのは八一年～八二年にかけて修復したものだという。鼓楼の起源は定かでないが、清代に建てたものが湖南省にあるとのことである。

吹き抜けになった中央から天井を見上げると、装飾されない素肌の木々が規則正しく組み合わされ、上へ上へと伸びている。まわりから差し込む明かりがあたりをくまなく照らし、あたかもライトアップされて

鼓楼の上部に見えるのが太鼓。鼓楼は太鼓が吊るしてあった事からその名がついたが、現在、太鼓が吊るしてあるのは少ない。

村の中央に鎮座する鼓楼。一族のシンボルである。

鼓楼の中は吹き抜けになっていて、装飾されない木々に優しさを感じる。

いるようだ。木の持つ柔らかさが、幾何学的パターンともいえる天井とあいまって、とても暖かくそして美しい。

村を二分するように流れる小川では、ところどころで洗濯をしたり、長い黒髪を丹念に洗っている女性の姿が目に留まる。カメラを向けると、嬌声を放ち、逃げまどう。諦めると戻る。またカメラを構える。逃げる――。写真を撮りたい一心で、大人げないとは知りながら何度も同じことを繰り返す。考えてみれば彼女たちの生活のリズムを崩し、迷惑をかけている。が、どうにもやめられない。

トン族と接していると、ゆったりとした気持ちにさせられる。それはこの鼓楼を照らしだす柔らかな明るさ、暖かさがトン族の心の奥に流れているからなのであろうか。

収穫後の田圃を耕すトン族。女性の多くは今でも民族衣装を着ている。

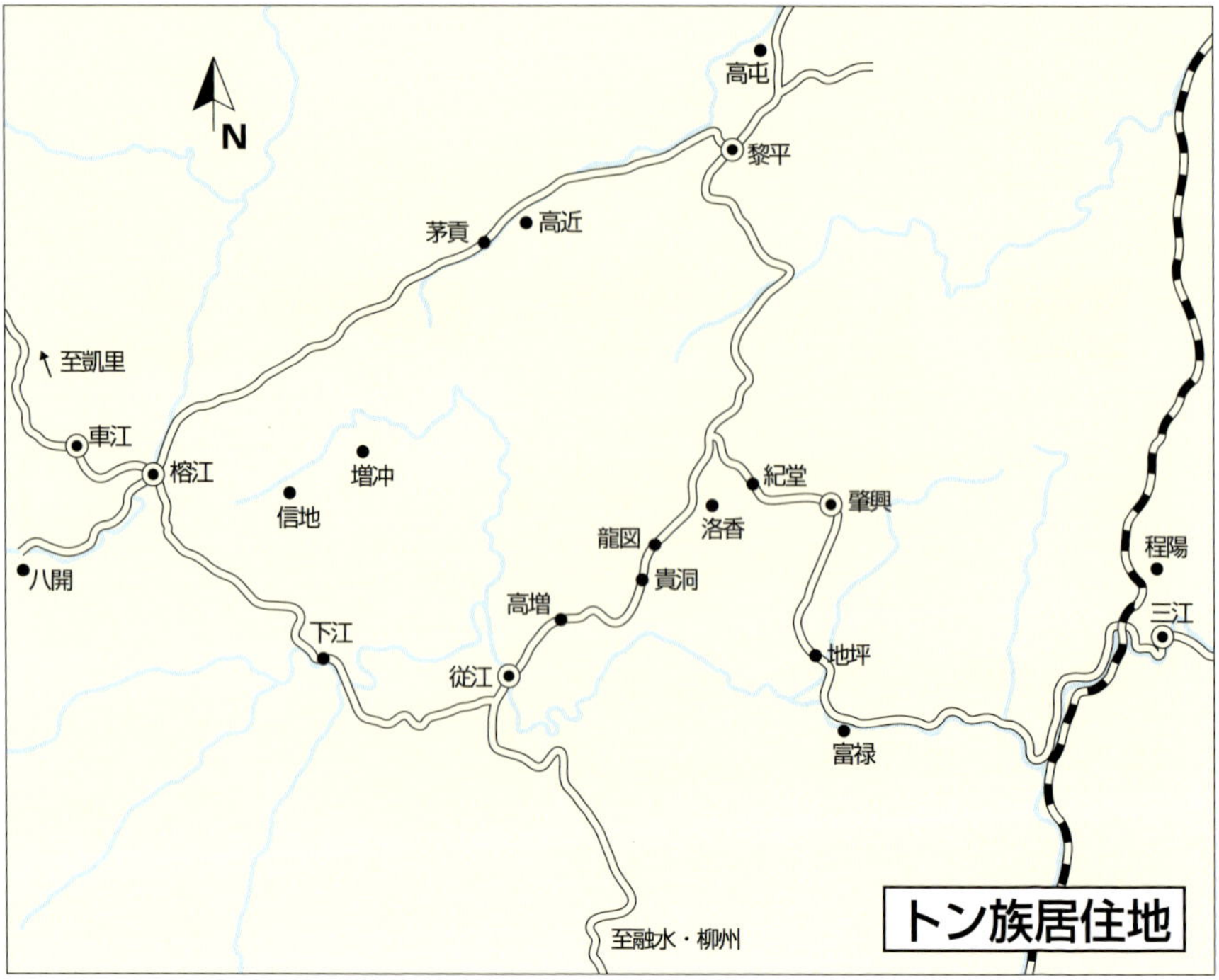

バス

黎平——肇興	7：00	8：00	12：00			
従江——黎平	6：30	7：40	10：00	11：30	12：40	13：40
従江——柳州	13：30	15：00	17：00			
従江——桂林	7：30					
従江——三江	6：00～17：20	12便				
従江——凱里	6：20	8：00	9：20			
従江——榕江	7：00～17：00	13便				

●ホテル事情

従江　月亮山賓館　ツイン80元から
榕江　榕江賓館　　ツイン115元から
肇興には民宿が２軒あり、20元から30元で泊まれる

三江《サンジャン》

「風雨橋」で有名な三江トン族自治県の程陽には、国の内外から多くの観光客が訪れる。

橋は渡るだけでなく人々の憩いの場でもある。子どもたちが遊んだり、農作業の行き帰りに休んでいる人をよく見かけた。観光客が多くなったため、今では土産物が並ぶようになった。

山の麓を縫うように一本の川が流れる。その川沿いに道が続く。三江（サンジャン）（地図１２５ページ）を出たばかりの時はアップダウンもあったが、おしなべて道はなだらかだ。

程陽（広西チワン族自治区、三江トン族自治県）というトン族の集落に行く途中のこと（地図１１４ページ）。まわりには棚田や段々畑。大根の白い花が咲いている。空はどんよりと曇り、今にも雨が降りそうだ。地元の人に言わせると、雨さえ降らなければいい天気なのだそうだ。

バスに揺られて四、五〇分、道がゆるやかに曲がる。と、突然、屋根を抱いた大きな橋が目に飛び込んできた。思わず声をあげた。「風雨橋」だ。正しくは「程陽橋」あるいは「永済橋」といい、一九八二年、国の重要文化財に指定されている。雨が多いため、橋を架けてもすぐに腐ってしまう。そこで考案されたのが屋根つきの橋だ。スギの木を使用し、釘を一本も使わず、ホゾを組み合わせて作るのだという。

屋根を瓦で葺き、五つの塔を持っている。塔は六角形の屋根を中心に、両隣が方形、両端をそれぞれ入母屋式に配してある。通路は薄暗く、まるで回廊のようだ。支柱と支柱のあいだに板を渡し、座れるように工夫している。

そうした板のベンチで休んでいると、仕事に行くのであろう、農機具を肩に弁当を持った人たちが三人、四人と通り過ぎる。目の前の川に沿って水車が何基も数珠つなぎになり、奥の小高い丘に家々がへばりつくように建っている。

数珠つなぎになった水車の周辺はわずかに耕地が開け、田圃がつくられている。水車小屋が見当らないのは灌漑用だからである。大きいので七、八メートル、小さくても二メートルはあろうか。この水車、一見ひよわに見えるが、仕組みはアイデア賞もの。長さ五、六〇センチの軸棒を中心に細竹で外輪を二つ作り、田圃側をやや小さくする。軸の両端から直径四、五センチの竹を何本も輪に向かって延ばし、途中で交差させてから二つの輪に結びつける。自転車のスポークの役目と思えばいい。その両輪をつなぐように、スギ皮と竹筒を交互に取りつける。スギ皮は水車を回転させる水かきだ。

竹筒は開口部を田圃側に向ける。その取りつけ方がポイントだ。水車を川下から見たとき、田圃側が高くなるように斜めに取りつける。こうすれば汲み上げた水は上に行くまでこぼれない。最上部に来ると、輪の小さい田圃側に筒が傾くので、初めて水はこぼれ落ち、樋を伝って田圃に流れ込むのである。

斜面にへばりつくように建つ集落の、中心とおぼしきあたりに「鼓楼」が鎮座していた。中に四、五人いて、椅子に座ってカード遊びをしていた。天井を眺めたり写真を撮る私を、いぶかしがるふうもない。そのうちひとりが「どこから来た」と話しかけてきた。「日本」と答えると、別に驚きもせず、「そうか、二、三日前に香港人が来た。やはりあなたみたいに写真を撮っていった」と言う。

鼓楼をあとに路地をぶらついていると、どこからともなくカッタンコットン、カッタンコットンというリズミカルな音色が聞こえてきた。音に誘われるように歩いていくと、一軒の家の前に出た。声をかけても返事がない。ためらったが、好奇心に勝てず、無断で中に入った。

高床式の家屋の二階に続く階段を上ると、幅一間ほどの廊下があり、音はそこから聞こえていた。格子窓から射す淡い光を頼りに、女性が機

川で洗濯をするトン族の女性。

を織っていたのだ。

闖入者に驚いてはいたものの、嫌な顔をしていないのでホッとする。写真を撮ろうとすると、笑いながら手で制したが、お願いすると恥ずかしそうに織りはじめてくれた。

村では機織りのほかに、ビーンビーンという民族楽器を奏でるような綿を打つ音も聞こえる。こちらは屋根裏部屋だ。

弓を半分にしたような綿打ち機で二人で作業をしているので、共鳴した音色が響き渡る。しかし、小さな窓があるだけなので、綿ぼこりが舞い上がる。写真を撮ると、早々にその場を去った。

思えば、風雨橋が見たくて何度この村を訪れたことだろう。だが、二度、三度と通い詰めているうちに、本当はこの村の駘蕩とした雰囲気に惹かれていたのだと気づくのだった。

現在「鼓楼」は集会所の役割を担っている（上）。大晦日に石臼で餅つきをするトン族（下）。

数珠つなぎになった水車。田圃に水をひくための灌漑用水車である。

年に1度旧暦3月3日に開催される「三月三」の祭り。

蘆笙を中心に輪を描くように人々が集まり、祭りは賑やかに行なわれた。

三月三の祭り

三江から西におよそ七〇キロ進むと、富禄（フールゥ）という集落がある（地図114ページ）。ここで毎年旧暦三月三日にトン族の祭りがある。「三月三」の祭りだ。一種の歌会で、民族衣装を着た女性たちが歌い、男性は蘆笙を吹いて楽しむのである。

祭りは村外れの河原が会場となる。何艘もの舟が横付けされている。遠方からも大勢の人たちがやってくるのだ。麺類、肉、サトウキビ、日曜雑貨などの露店がびっしりと並び、活気にあふれている。

人込みをかきわけ、龍が踊りながら入場してきた。ドラを先頭に化粧した小学生の子どもたちが二〇人ほど、列を作って入ってくる。蘆笙を持った人たちがそれに続く。蘆笙は大きいもので二〜三メートル、小さくても一メートル前後はある。グル

哀愁が漂う蘆笙の音色。

ープごとに四ヵ所ほどにかたまっている。いずれも、大きな蘆笙を持った五～六人の人たちを中心に、小さな蘆笙の人たち一〇人ほどが囲む。それをまた取り囲むように観光客が見まもる。

音色は大きいのと小さいので高音低音を出し、それをうまく調和させている。バグパイプを野性的な音色にしたと思えばいい。何本もの蘆笙を一度に吹くことで、より蘆笙の特性を出している。

蘆笙グループの隣で民族衣装を着た女性たちが輪になって歌っている。しかし、蘆笙の音でかき消され、近づかないと聞こえない。

最初はばらばらになって女性たちが歌い、男性たちは蘆笙を吹いていたが、次第に民族衣装の女性たちが蘆笙のまわりを囲んで唄い、踊りだし、祭りはクライマックスに達したのだった。

祭りの合間に食事を楽しむトン族の女性たち。

トン(侗)族

トン族は貴州省、湖南省、広西チワン族自治区の二省一区が接する山間の多雨地帯に、一〇〇戸から数百戸の集落を作って住んでいる。

人口は約二五一万四〇〇〇人。「カム」と自称し、貴州省にもっとも多く住む。中でも貴州省黔東南ミャオ族トン族自治州は、トン族の地として知られる。

木造建築の技術に優れ、橋に瓦屋根を乗せた「風雨橋」や、何層にも屋根が重なった「鼓楼」はトン族を代表する建物だ。

スギを植林し、水稲、陸稲、小麦、トウモロコシ、タバコなどを栽培する。田圃に水を張り、魚の飼育なども行なっている。茶の葉をゴマ油で炒め、それにモチゴメを入れて熱湯を注ぎ、塩を加えて食べる「油茶」は、トン族固有の食物である。

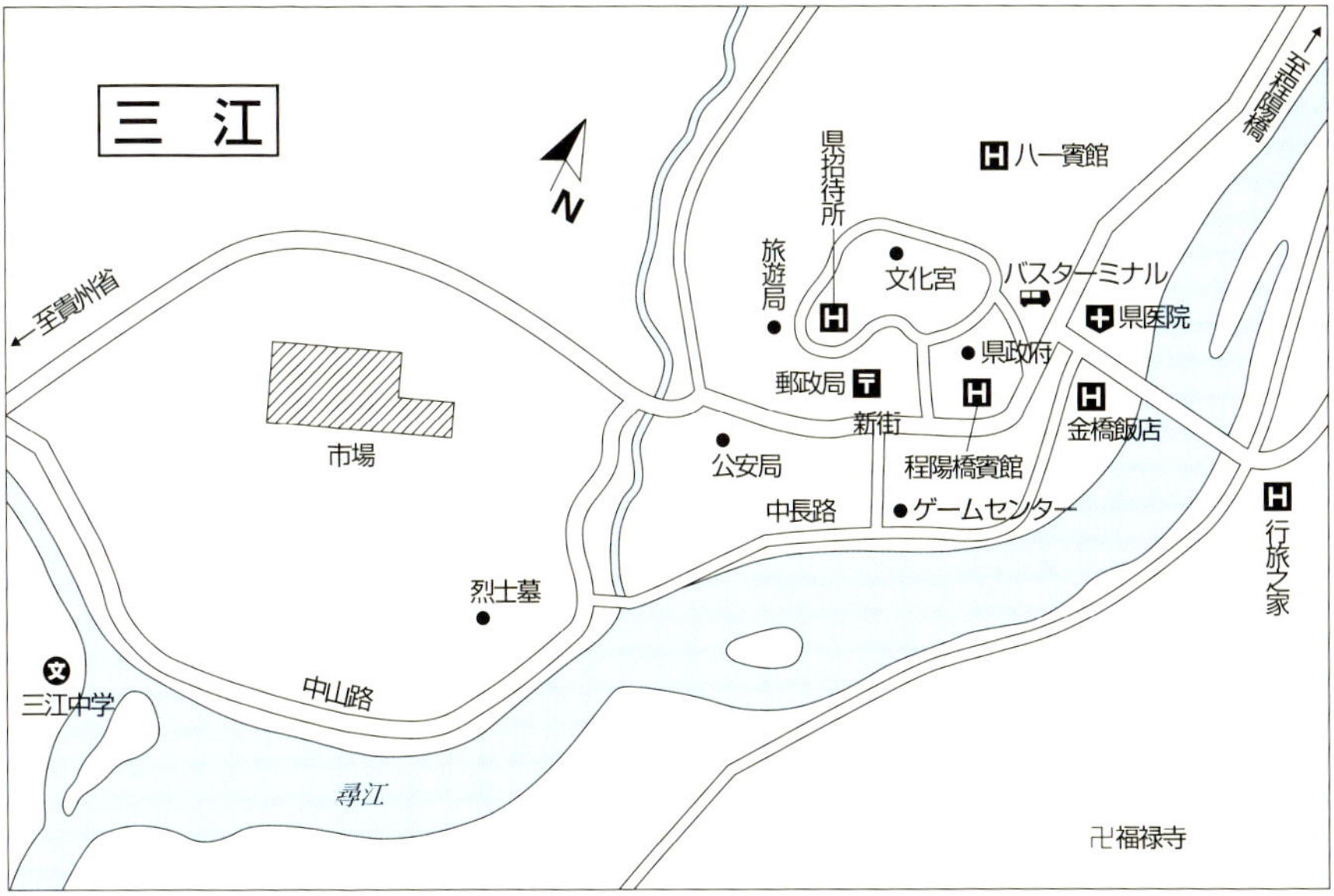

鉄道

三江——柳州　直快で約５時間
三江——懐化　直快で約５時間

バス　三江バスターミナル

三江——桂林	6：00　7：10　8：25　11：30　12：00　12：30　13：40　14：30	
三江——柳州	6：00～16：00	11便
三江——龍勝	6：30～17：10	25分から60分間隔
三江——富禄	8：00　9：00	14：50　15：20
三江——従江	6：20～14：20	11便
三江——黎平	6：55　14：40	
三江——林溪	7：10～17：30	17便

●ホテル事情

程陽橋賓館　ツイン90元から
富禄にも安宿あり

あとがき

西双版納（シーサンパンナ）というやさしい響きに誘われ、この地を初めて訪れたのは一九八六年のことだった。メコン川が中国で瀾滄江と呼ばれていることを知ったのもこの地だった。

当時は昆明からバスに揺られて二泊三日かかった。今では飛行機であっという間についてしまう。時代の流れはこの地の素朴な人々にも影響を与え、徐々に生活スタイルも変わりつつある。ハレの日でもなければ伝統的な民族衣装は身につけないという民族も多くなった。街の変化は言うに及ばない。

もちろん変化はあってしかるべきだ。よりよい生活を求めるのは当たり前であり、より便利で快適な生活は、人々に潤いを与える。しかし、だからといって、古来から培った文化までもないがしろにするのを見るのは寂しい。すべて昔が良いとは言えないが、欲をいえば、古い風習を残しつつ新しい文化を取り入れ、両者が共存する社会をつくることができないものだろうか。

とはいえ、そうした現実が受け入れられていることも事実で、だからこそ多くの旅行者がこの地を訪れている。そして、今でも、街の郊外に出れば昔ながらの光景が残っている。西双版納と貴州は、間違いなく、中国でも数少ない桃源郷のひとつである。

この本を出版するにあたり、前著『雲南最深部への旅』に引き続き、めこんの桑原晨氏をはじめ、多くの方々にご協力いただいたことをここに記します。

ありがとうございました。

二〇〇四年五月吉日　　鎌澤久也

【参考文献】

村松一弥『中国の少数民族』毎日新聞社、一九七三年。

馬寅主編・君島久子監訳『概説中国の少数民族』三省堂、一九八七年。

宋恩常主編・大林太良監修『雲南の少数民族』日本放送出版協会、一九九〇年。

金丸良子他『中国少数民族事典』東京堂出版、二〇〇一年。

雲南日報社新聞研究所編『雲南――可愛的地方』雲南人民出版社、一九八四年。

曽憲陽『ミャオ族の人びと――藍と銀に生きる村』外文出版社、一九八八年。

＊文中の交通、ホテル事情などのデータはすべて二〇〇三年八月のものである。

鎌澤久也（かまざわ きゅうや）
中国雲南省を中心にアジアを撮り続ける。
近年はメコン川、長江など、川をテーマにそこに暮らす人々に焦点を当てている。
「メコン街道」など写真展を多く開催。
著書
『雲南最深部への旅』（めこん）
『メコン街道』（水曜社）
『雲南』、『藍の里』、『南詔往郷』、『雲南・カイラス4000キロ』（平河出版社）
『玄奘の道・シルクロード』（東方出版）
『写真家はインドをめざす』（青弓社、共著）など

シーサンパンナと貴州の旅

初版印刷　2004年 8 月25日
第 1 刷発行　2004年 9 月10日

定価　2200円＋税

著者　鎌澤久也©
装丁　菊地信義
発行者　桑原晨
発行　株式会社めこん
〒113-0033　東京都文京区本郷 3-7-1　電話03-3815-1688　FAX03-3815-1810
ホームページ　http://www.mekong-publishing.com
印刷・製本　ローヤル企画
ISBN4-8396-0174-9 C0030 Y2200E
0030-0407172-8347

雲南最深部への旅

鎌澤久也

定価1500円十税

四川省成都から西昌、麗江、大理を経てビルマ国境に至るルートは、古来、西域につながる「西南シルクロード」として栄えた交易の道でした。この地域はまた、イ族、ペー族、ナシ族、タイ族などがそれぞれの伝統を守って生きる少数民族のパラダイスでもあります。ロマンあふれる雲南最深部を歩く——これこそ「くろうとの旅」の醍醐味です。

７日でめぐるインドシナ半島の文化遺産

樋口英夫

定価1500円十税

ベトナム最後の皇帝の都「フエ」、チャンパ王国の聖地「ミソン」、江戸時代の日本を魅了した貿易港「ホイアン」、タイ族最初の王国「スコータイ」、メコン河畔の小さな古都「ルアンパバーン」、そして世界最大の神殿と遺跡群「アンコール」。この素晴らしい世界遺産をまとめて鑑賞しようという、ちょっと贅沢な旅の本です。

ミャンマー　東西南北・辺境の旅

伊藤京子

定価1500円十税

近年ようやく自由に旅行できるようになった「最後の楽園」ミャンマー。初めての本格的ガイドです。有名なマンダレーやインレー湖、バガンなどはもちろん、北部のミッチナー、東部のチャイントン、南部のモーラミャイン、ムドン、西部のガパリなど、ミャンマー全土の観光地を紹介。ミャンマーの本当の魅力を味わってください。

東南アジアの遺跡を歩く

高杉等

定価2000円十税

「全東南アジア」の遺跡の完全ガイド。カンボジア、タイ、ラオス、ビルマ、インドネシアの遺跡220ヵ所をすべて網羅しました。有名遺跡はもちろん、あまり知られていないカオ・プラウィハーン、ベン・メリア、ワット・プーなどもすべて紹介。すべて写真つき。アクセスのしかた、地図、遺跡配置図、宿泊、注意点など情報満載。

雲南・北ラオスの旅

樋口英夫

定価1500円十税

雲南省昆明から国境を越えて北ラオスのルアンパバーンに至るルートの完全ガイドです。このルートは、少数民族の珍しい風習、メコンの川下り、山岳トレッキングと、ちょっとハードですが野趣あふれた旅が満喫できます。日本ではまだあまりポピュラーではありませんが、欧米人には人気のルート。「くろうとの旅」第１弾です。

海が見えるアジア

門田修

定価3500円十税

国単位ではなく、海からアジアを見てみたい。セレベス海、ジャワ海、南シナ海、インド洋…。スラウェシから始まって、タニンバル、ケイ、ハルク、マドゥラ、フローレス、サラワク、パラワン、ココン、メコンデルタ、ニアス、シベルート。いまどきめずらしい雄大、骨太な男の旅の本です。